# 영웅 안중근

# 영웅 안중근

2015년 3월 26일 초판 1쇄 펴냄·2024년 12월 20일 개정 신판 1쇄 펴냄

펴낸곳 | (주)꿈소담이
펴낸이 | 이준하
글 | 박삼중·고수산나
그림 | 이남구

주소 | 02880 서울특별시 성북구 성북로5길 12 소담빌딩 302호
전화 | 747-8970
팩스 | 747-3238
등록번호 | 제307-2002-53호(2002. 9. 3)

홈페이지 | www.dreamsodam.co.kr
북카페 | cafe.naver.com/sodambooks
전자우편 | isodam@dreamsodam.co.kr

©박삼중·고수산나, 2015

ISBN 979-11-91134-51-3   73990

# 영웅 안중근

박삼중 · 고수산나 지음 | 이남구 그림

 | 머리말 |

  사형수 교화에 인생의 많은 부분을 바쳐 온 나와 안중근 의사와의 인연이 시작된 것은 사형수 교화를 위해 일본에 갔을 때였습니다.

  나는 다이린지에 모셔진 안 의사의 유묵비와 추도실을 보고 크게 충격을 받았었지요. 그것이 시작이었습니다. 그 후 30년 동안 안 의사에 관한 모든 것을 찾아다니며 뛰어다녔습니다.

  내가 30년 넘게 안 의사에 대해 알아온 것들을 이 책에 담았습니다. 이 세상을 떠나기 전에 내가 여러분들에게 남기는 마지막 선물입니다.

  내가 꼭 한 가지 이루고 싶은 것은 안 의사의 유해를 고국으로 모셔 오는 것입니다. 내가 그 꿈을 이루지 못하고 세상을 떠난다면 이제 그것은 여러분의 몫이 될 것입니다.

  어린이와 청소년 여러분! 안중근 의사의 애국심을 본받고 그의 훌륭한 인품을 존경하고 안 의사가 꿈꾸었던 동양 평화를 이루기 위해 노력해 주세요.

  그것이 목숨을 아깝다 생각지 않고 조국과 동양 평화를 위해 이토 히로부미를 처단하고 뤼순 감옥에서 순국한 안 의사에 대한 우리의 보답일 것입니다.

박삼중

* 박삼중 스님은 본인의 유지를 후세에 남기고 2024년 9월 20일 입적하셨습니다.

삼중 스님의 이야기를 듣기 전까지 저는 안중근 의사가 이토 히로부미를 처단한 독립운동가로만 알고 있었습니다. 삼중 스님 이야기를 듣고 자료 조사를 하고 또, 하얼빈과 뤼순으로 취재를 다니면서 안중근 의사의 더 멋진 진짜 모습을 찾을 수 있었지요.

　《영웅 안중근의 마지막 이야기*》는 안중근 의사가 뤼순 감옥에서 사형당하기까지 그를 둘러싼 인물들에 대한 이야기입니다.

　도대체 안중근이라는 인물이 어떤 사람이었기에 그를 지켰던 간수들, 형무소장, 교화승 같은 일본인들이 그의 인품에 반해 존경하고 사랑했을까요?

　그동안의 책들이 안 의사가 이토를 쏜 것에 대한 이야기로 끝을 맺었다면 이 책은 이토를 쏜 순간부터 시작된다고 할 수 있습니다.

　많은 사람의 정성과 애정이 담긴 이 책이, 어린이와 청소년 여러분에게 안중근이라는 인물에 대해 새롭고 흥미롭게 다가가는 좋은 계기가 되길 바랍니다.

고수산나

* 《영웅 안중근의 마지막 이야기》는 이 도서의 개정 전 제목입니다.

# 안 의사가 바라는 평화로운 세상을 꿈꾸며

안중근 의사는 '도마 안중근'으로도 널리 알려져 있습니다. 여기서 말하는 '도마'는 천주교 신자가 받는 세례명인 '토마스' 성인의 이름을 뜻합니다. 열아홉 살때 세례를 받고 독실한 천주교 신자로 살았던 안중근 의사는 이토 히로부미를 저격한 직후 체포되어 뤼순 감옥에 갇히게 됩니다. 감옥에서도 성실한 신앙생활과 고결한 성품으로 일본 간수들과 형무소장의 존경을 받았습니다.

이 책의 저자이신 삼중 스님께서는 이러한 안 의사를 존경하고 흠숭하며 30년 넘게 그분의 행적을 찾아 다니셨습니다. "국권이 회복되면 유해를 조국에 묻어 달라."는 안 의사의 유언을 지키기 위해 스님께서는 뤼순을 여러 차례 방문하셨습니다. 또한 스님은 어렵게 구한 안중근 의사의 유묵 '敬天(경천)'을 천주교 서울대교구가 소장할 수 있도록 도와주셨습니다. 스님께서는 안 의사가 감옥에서 쓰신 이 친필 유묵이 하느님을 존경하고 사랑하는 신앙심의 결정체이기에, 마땅히 천주교의 품에 들어가야 한다고 말씀하셨습니다.

이 책은 삼중 스님께서 지난 30년 동안 안 의사와 관련된 것이라면 어디든 찾아가서 사람들을 만나 취재하고 조사하셨던 내용을 동화작가인 고수산나 작가님께서 어린이와 청소년의 눈높이에 맞추어 쉽고 재미있게 재구성한 것입니다.

책 《영웅 안중근의 마지막 이야기*》에서는 안 의사와 함께했던 인물들을 통해, 지금까지 잘 알려지지 않았던 그분의 이야기를 만날 수 있습니다. 이 책을 통해 소개되는 이야기가 단순히 재미와 감동에 그치지 않고, 우리 역사를 이해하는 데 큰 도움이 될 것이라 믿습니다.

안중근 의사가 이토 히로부미를 저격한 독립운동가로서만이 아니라 얼마나 훌륭한 인품을 가진 분이었는지, 그리고 얼마나 세상의 평화를 간절하게 원했는지 많은 사람들이 알게 되었으면 좋겠습니다. 특히 어린이와 청소년 여러분들이 이 책을 읽고 안중근 의사와 우리 역사에 대해 더 많은 관심과 애정을 가지게 되기를 희망합니다.

삼중 스님과 고수산나 작가의 노고에 감사드리며, 이 책을 읽는 모든 이들에게 안 의사가 그토록 바랐던 세상의 평화가 함께하기를 기도하겠습니다.

前 천주교 서울대교구장
추기경 염수정 안드레아

十 염 수 정

*《영웅 안중근의 마지막 이야기》는 이 도서의 개정 전 제목입니다.

| 차례 |

# 나와 안중근 의사와의 인연

오늘도 나 박삼중은 병원 투석실 침대에 누워 돌아가는 투석기와 혈관을 연결한 줄을 고개를 돌려 쳐다본다.

벌써 2년째 이틀에 한 번씩 혈액 투석을 받고 있다.

'만약 내일 내가 잠자리에서 일어나지 못하면 어떻게 될까? 그렇게 되면 모레 다시 투석 받으러 오지 않아도 될 거야. 그럼…… 내 고통도 끝이 나겠지.'

나는 한숨을 쉬며 병원 천장을 올려다본다. 잠도 오지 않는 지루함, 이틀마다 어김없이 상기되는 주삿바늘의 공포.

4시간씩 꼼짝 않고 혈액 투석을 받고 절로 돌아오면 온몸은 피가 빠져나가고 돌아오지 못한 것처럼 휘청거린다.

혈액 투석을 받는 날은 죽는 날이고, 다음 날은 혈액 투석 때문에 살아나는 날이다. 하루는 죽고 다음 날은 살고……. 그렇게 삶과 죽음을 반복해서 살고 있는 중이다.

내가 이 고통을 이겨 내야 하는 이유를 끄집어 내 본다.

안중근. 바로 그 이름 석 자 때문에 나는 모진 목숨을 이어 가고자 시간과 돈과 고통을 더해 가며 병원을 들락거리고 있다.

"처자식도 없고 이 세상에 혼자 남은 중이 삶에 무슨 미련이 있겠습니까. 나이도 먹을 만큼 먹어 지금 당장 육신에서 벗어난다 해도 아무런 여한이 없습니다. 하지만……."

건강하시라는 인사말을 들을 때면 나는 이렇게 말을 띄운다. 이제 다시 젊어질 수도 건강해질 수도 없는 몸, 사형수처럼 죽을 날만을 기다리는 이 늙은 승려는 안중근이라는 세상에도 없는 사람 때문에 삶의 끈을 놓지 못하고 있다.

나는 원래 교도소에 수감되어 있는 죄수들에게 자신의 죄를 뉘우치게 하고 올바른 길을 가르쳐서 이끄는 교화 활동을 하는 승려였다. 나는 특히 최고형인 사형을 집행받은 사형수들이 삶의 의미와 가치를 찾도록 전국의 교도소를 뛰어다녔다.


내가 안중근 의사와 인연을 맺게 된 것은 1984년 일본 동북 지역 미야기 현의 센다이에서 열린 '전국 교도소 재소자 교화 전국 대회'에 초청 인사로 방문했을 때였다. 다이린지(大林寺. 대림사)라는 절에 안중근 의사의 유묵비가 세워져 있다는 말을 들은 나는 믿어지지가 않아 한걸음에 그 절로 달려갔다.

일본 근대사의 영웅이자 조선의 초대 통감을 지낸 이토 히로부미를 저격한 안중근을 추모하는 절이 있다니. 그것도 안중근 의사의 글씨를 기념비로 남긴 절이라니 말이다.

다이린지는 시골에 있는 작고 조용한 절이었다. 그곳에 '爲國獻身軍人本分(위국헌신 군인본분)'이 새겨진 유묵비가 글씨 내용처럼 당당하게 우뚝 서 있었다.

다이린지를 방문해서 유묵비를 보고 안중근 의사와 지바 도시치의 이야기를 들었을 때 나는 감동과 부끄러움을 느꼈다.

유묵비는 센다이의 지사가 지바 도시치와 안중근 의사를 기념해 세운 것이라 했다.

"얼마나 멋진 분이었기에 그를 감시하고 지키던 일본 군인이 평생을, 그리고 대를 이어 이렇게 추모를 할까. 우리나라 사람들 중에는 이렇게까지 안중근 의사를 숭모(우러러 사모하는 것)하는 사람이 없을 텐데……. 이런 사실조차 대부분 모르겠지."

다이린지의 영정각 한쪽에는 안중근 의사의 사진이, 다른 한쪽에는 지바 도시치와 그의 부인의 사진이 있었다. 안중근 의사의 위패 옆에는 과일이 놓여 있고 향도 피워져 있었다.

'지바 도시치가 살아 있을 때부터 저렇게 향을 피우고 제를 지내며 추모를 했구나.'

나는 작은 다이린지를 둘러보며 가슴이 꽉 막혀 왔다. 우리나라엔 그저 이토 히로부미를 총으로 쏜 영웅으로만 알려진 안중근.

그의 뒷얘기가 알려지지도, 존경받지도 못한 한국으로 어서 달려가 전국 방방곡곡에서 소리치며 알리고 싶었다.

그 후로 나는 30년 동안 안중근을 알리는 일이라면 언제든 어디든 나섰다. 불교에 몸을 담았지만 목탁을 두드리며 수행하는 것보다 사형수들을 교화하고 안중근을 알리는 데 온 힘을 쏟았다.

내가 안중근 의사에 대해 더 각별한 사랑을 보이게 된 이유는 바로 안중근이 사형수였기 때문이다.

나는 교화를 위해 전국의 사형수들을 많이 만났다. 극악무도한 죄를 지은 사형수들도 내 앞에서는 어리고 순한 양처럼 나를 따르고 좋아했다.

나는 사형수를 참 많이 봐 왔다. 사형 선고를 받으면 내일이라도 사형 집행이 될까 하루하루를 초조하게 보낸다. 무기력감으로 아무것도 하고 싶지 않고 분노와 우울증, 두려움과 공포가 사람을 지배한다.

나는 사형수를 잘 알고 있기 때문에 안중근이라는 사형수가 얼마나 위대한 인물이었는지 더 절실히 느낀다.

죽음을 앞두고도 생에 대한 집착, 미련도 없고 두려움도 털끝만큼이 없는 강한 정신력의 소유자이며 그의 곁에 있던 모든 간수들과 재판관들까지 존경하게 된 훌륭한 인품의 안중근. 누구보다 사람을 사랑하고 세상의 평화를 원했던, 그래서 스스로 죽음의 길로 들어갔던 남자.

안중근은 사형수가 아니라 도를 닦는 신선이었고 수행하는 부처였으며 사랑을 실천한 성자였다.

그를 지켜본 사람들에게 어떤 모습으로 남아 있을까? 그들에게 안중근은 어떤 존재였을까? 그가 하고 싶은 이야기는 무엇이었을까?

이것이 내가 안중근 의사에 대해 더 깊이 들려주고 싶은 또 다른 이야기이다.

# 증오에서 존경으로
## —헌병 간수 지바 도시치의 안중근

"이토 각하께서 저격당하셨다!"

잔뜩 긴장하고 있던 일본 헌병들에게 날아든 소식은 모두를 경악하게 만들었다.

"이토께서 총에 맞으셨다고?"

이토 히로부미는 일본에서 네 번이나 총리대신을 지냈고 근대화된 헌법의 기초를 만들어 일본의 발전에 큰 기여를 한 인물로 평가받았다. 그는 총리를 지낼 때 청일전쟁(1894~1895)을 승리로 이끌었고, 조선의 초대 통감을 지내며 조선을 일본의 손아귀에 넣었다.

일본 국민들에게 이토는 일본의 영웅이자 믿음직한 최고 권력자 중 한 사람이었다.

이토는 추밀원(일본 천황의 자문기관) 의장의 자격으로 청나라의 만주 지역을 시찰하러 하얼빈에 갔다. 하얼빈 역에서는 러시아의 재무

대신 코코프체프가 초조하게 이토를 기다리고 있었다.

청나라에서 맞닥뜨린 일본과 러시아의 힘 겨루기에서 일본이 우세하다는 것을 보여 줄 상징적 의미의 만남이기도 했다.

그런 일본의 권력의 상징인 그가 하얼빈 역에서 총을 맞아 사망했다는 것이다.

"도대체 누가?"

"아니, 러시아 군대가 지키고 있었을 텐데 어떻게?"

헌병들은 믿어지지가 않아 스스로에게 물음을 던졌다.

헌병들은 이토를 쏘았다는 저격범을 잡으러 러시아 헌병대로 향했다.

그중 헌병 상사인 지바 도시치의 충격은 대단했다. 일본 동북 지역 센다이 출신인 지바는 누구에게도 지지 않을 정도로 애국심이 강한 젊은이였다.

나라를 위해 조국 일본에서 멀리 떨어진 하얼빈까지 자처하여 온 그였다. 그런 지바에게 이토를 쏜 저격범이 맡겨진 것이다.

지바는 다리부터 손이 차례로 떨렸다. 영하의 하얼빈의 날씨 때문만은 아니었다.

'분명 잔인한 살해범일 거야. 아니면 폭력적인 집단의 우두머리일 수도 있겠지. 내 손에 들어오기만 해 봐.'

지바는 허리춤에 찬 총을 꽉 쥐었다.

'감히, 감히 대일본제국의 전쟁 영웅을⋯⋯.'

누군지는 모르지만 용서할 수도 용서받을 수도 없는 죄인이었다.


그토록 벼르던 살인범을 처음 만난 건 일본 총영사관 지하실이었다. 서양식으로 깔끔하게 지어진 일본 총영사관의 지하실은 어둡고 쾌쾌한 냄새가 났다.

일본 땅도 아닌 하얼빈에서 일어난 저격 사건이 일본 총영사관 지휘 아래로 들어온 것은 이상한 일이었다.

'그물 말리는 곳'이라는 이름을 가진 하얼빈은 원래 청나라의 작은 어촌이었다. 그러다 19세기 말, 러시아가 청나라와의 합의로 시베리아를 횡단하는 철도를 놓아 하얼빈은 철도 건설 기지로 사용되어 발전했다. 하얼빈에는 점점 더 많은 나라의 사람들이 모여 국제 중심 도시가 되었다.

청일전쟁에서 일본에 패한 청나라는 러시아에 일본의 세력을 막아 달라고 부탁하며 하얼빈에서의 권리를 내어 주었으니, 러시아 군대가 주둔하고 있는 하얼빈은 러시아 땅이나 마찬가지였던 것이다.

러시아 측은 자기네 땅에서 벌어진 저격 사건이었지만 외교 문제에 골치가 아팠다. 청나라 땅이지만 러시아 군대가 주둔하고 있는 곳에서 한국인이 일본인을 쏘아 죽였으니 국가적인 문제가 실타래처럼 꽁꽁 얽혀 있는 상황이었다. 일본이 안중근을 내놓으라고 생떼를 쓰자 러시아는 불과 몇 시간 만에 살인범을 일본에 넘겼던 것이다.

저격범은 까만색 반코트를 입은 채 쇠사슬에 묶여 있었다. 벌써 누군가에게 맞았는지 뺨이 부어 있었다.

"조선 놈이라고 합니다."

옆 사람이 지바에게 일러 주었나. 누군가가 픽 하는 비웃음을 흘렸다. 누가 신호를 보낸 것도 아닌데 여기저기서 발길이 날아들었다.

"이런 놈을 뭐하러 재판까지 해. 우리 손으로 없애 버리면 될걸."

지바는 허리에 찬 총을 꺼내 총구를 안중근의 머리에 겨누었다.

"너도 똑같이 없애 주마, 이 살인자야."

지바의 행동에 발길질을 하던 헌병들이 놀라 물러섰다. 지바의 눈은 증오로 이글거렸다.

그때였다. 쓰러져 발길질을 당하던 남자가 몸을 일으켜 세웠다. 마치 자신의 머리는 무쇠로 만들어져 총알이 통과하지 못할 거라는 표정으로 지바를 쳐다보았다.

"쏠 테면 쏘아라. 나는 살인범이 아니다. 나는 내가 사랑하는 조국을 위해 마땅히 해야 할 일을 했다."

너무나도 당당하게 큰소리를 치는 남자를 보고, 순간 지바는 얼어붙어 버렸다.

지바는 자신도 모르게 총을 든 손을 천천히 내리고 이름을 물었다.

안중근.

지바는 안중근의 표정을 보며 자신이 절대로 이 남자를 쏘지 못할 거라는 생각이 들었다.

'뭐지? 저 당당한 목소리와 얼굴과 눈빛. 저 자는 죄를 지은 자의 모습이 아니야.'

당황한 지바의 표정에 다른 헌병들도 안중근을 더 이상 때리지 못했다.

"나도 너희 같은 군인이다. 대한국의 의병 참모중장으로서 적장을 죽인 것이다."

또박또박 말하는 안중근의 목소리에는 힘이 있고 명예가 있었다. 자신과 비슷한 또래의 안중근에게 지바는 기가 눌렸다.

지바는 며칠 동안 영사관 지하실에 갇혀 있는 안중근을 지켰다. 그동안 영사관 관리와 미조부치 검찰관이 안중근을 신문하러 몇 차례 다녀갔다.

"나는 죄인을 벌한 것이다. 이토는 우리 조국에 큰 죄인이다."

안중근은 검찰관에게 이토가 지은 열다섯 가지 죄를 읊었다.

한국 명성황후를 시해한 죄, 한국 황제를 마음대로 폐위시킨 죄, 정권을 강제로 빼앗은 죄, 무고한 한국인들을 학살한 죄, 동양 평화를 깨뜨린 죄, 한국의 철도·광산·산과 나무를 마음대로 빼앗은 죄······.

하나하나 천천히 말할 때마다 일본인 검찰관마저도 고개를 끄덕거렸다. 얼마나 안중근의 마음 깊이 박혀 있는 말들인지 잠시도 쉼 없이 이토의 죄가 흘러 나왔다.

'아니, 내가 알고 있는 이토 각하가 정말 저런 죄를 지은 인물이란 말인가. 그럼 저 안중근이라는 자는 정말 죽일 만한 죄인을 죽였단 말인가. 아니야, 설마…….'

지켜보고 있던 지바는 갑자기 혼란스러워졌다. 안중근의 흔들림 없는 모습에 오히려 그가 지금까지 믿었던 모든 것이 조금씩 흔들리려 하고 있었다.

지바는 영사관 지하실 감옥에 갇힌 안중근을 며칠 동안 지켜보았다. 그는 비굴하지도 비참하지도 않았다. 무엇보다도 지바가 놀란 것은 겁을 내지 않는 안중근의 모습이었다.

일본의 최고 권력자를 죽인 그가 받을 벌은 뻔했다. 하지만 안중근은 아무것도 두려운 것이 없는 사람처럼 보였다.

천주교 신자인 안중근은 차가운 감옥 침대에서 날마다 기도를 올렸다. 그의 모습은 지바보다도, 그를 신문하는 관리나 검찰관보다도 훨씬 편안해 보였다.

안중근을 죽이고 싶을 정도로 증오했던 지바였다. 자신의 나라 일본의 안녕을 위해 마땅히 벌을 주고 없애야 할 인물이었다.

하지만 지바는 안중근이라는 사람 자체를 이해할 수 없었다. 그렇게 큰일을 저지르고도 저토록 태연한 모습이라니. 죄수인데도 너무나 경건하게 기도를 하는 모습에 차마 말을 붙이기도 어려울 정도였다.

이토를 죽인 인물로 전 세계의 눈과 귀가 쏠려 있던지라 검찰관조차 안중근을 함부로 대하지 못했다.

"개인적인 감정으로 사람을 죽인 것이 아니니 당신은 사형까지는 받지 않을 것이다. 들어보니 다 맞는 말이 아닌가. 정말로 당신 나라에서 보면 의로운 일을 한 것이 아닌가."

검찰관은 안중근을 달래듯이 신문을 했다.

안중근을 뤼순(旅順, 여순) 감옥으로 옮기라는 명령이 떨어졌다. 빨리 서두르라는 본국에서의 명령이었다.

"오늘은 여기에서 바로 뤼순으로 갈 것이다."

"뤼순이라면 일본의 감옥이 아니냐. 나는 러시아 땅에서 이토를 죽였는데 왜 러시아에서 재판을 받지 않고 일본 감옥으로 끌려가는 것이냐?"

안중근의 말에 지바는 고개를 저었다.

"나도 모른다. 명령에 따를 뿐이다."

하지만 지바도 의심스러웠다. 안중근은 분명 정당한 대우를 받지 못하고 있었다. 일본이 안중근을 두려워하는 것일까. 안중근이 한 일을, 안중근이 한국과 일본에 그리고 온 세상에 미칠 영향을……. 그것은 안중근이 진짜 죄인이 아니라는 뜻이었다.

지바는 안중근을 묶은 채 역으로 데리고 가 기차를 태웠다. 기차를 타고 가는 내내 한 점 흐트러짐이 없는 안중근을, 지바는 소리 없이 지켜보았다.

'저 사람은 정말 군인인가 보다. 저 사람도 나처럼 조국에서 멀리 떨어진 곳까지 온 거야. 나라를 위해서. 그래, 나라를 위해 싸우는 군인이야, 안중근은.'

지바는 안중근에게 조금씩 마음이 열리고 있었다. 아니 안중근의 흐트러짐 없는 반듯한 모습이 지바의 마음을 열고 들어왔다.

한없이 펼쳐진 만주 벌판에는 떨어지는 낙엽만이 바람에 뒹굴었다. 밤이 되자, 열차 안에는 침묵이, 열차 밖에는 어둠만이 가득 찼다.

열차 밖으로 반달이 어둠속에서 쓸쓸히 모습을 드러냈다. 안중근은 말없이 창밖으로 달을 올려다보았다.

'저 남자는 달을 보며 무슨 생각을 할까? 나처럼 떠나온 고향을 그리워할까, 헤어진 가족의 모습을 떠올릴까.'

지바는 안중근을 보며 생각했다. 어쩌면 안중근의 마음에는 이미 쓸쓸함과 외로움 따위는 자리하지 않을지도 모른다. 그는 모든 것을 이겨 낼 준비가 되어 있는 위대한 군인이었으니까.

여기저기서 하품하는 소리가 들렸다. 지루한 이 기차는 하루가 넘게 청나라의 서남쪽을 향해 달리고 있었다.

중간에 잠시 정거장에 멈추었을 때 일본 순사 한 명이 갑자기 기차 위로 올라왔다.

어떻게 알았는지 그는 곧장 안중근에게 다가와 다짜고짜 안중근의 뺨을 후려쳤다.

"네가 이토 각하를 죽인 살인자라지? 감히 그런 위대한 분을!"

"이게 무슨 짓이냐?"

안중근이 벌떡 일어나 화를 냈다.

지바는 러시아 헌병의 도움을 받아 일본 순사를 밖으로 끌어냈다.

지바는 이상하게 일본 순사보다 안중근이 걱정되었다. 죽이고 싶었던 안중근이었지만 이제 그를 함부로 대하는 자에게 화가 났다.

이제 안중근은 역적도 죄수도 아닌 그가 모시는 손님이 되어 있었다. 지바는 안중근에게 마음이 쓰이는 자신의 감정을 부정하고 싶을 때마다 일부러 창밖으로 고개를 돌렸다.

뤼순 감옥에서도 지바는 내내 안중근 옆을 지켰다. 간수로서 죄수인 안중근을 감시해야 했지만 어느 새 안중근을 돌봐주는 보호자가 되어 있었다.

안중근이 갇힌 감방은 다른 죄수들의 감방과는 달랐다. 다른 죄수들은 좁은 방 안에 7명에서 8명이 함께 지냈다.

안중근은 따로 만들어진 방에 혼자 갇혀 있고, 감방 안에는 낡은 침대와 책상이 놓여 있었다. 그 바로 옆에는 안중근을 지키는 간수들의 작은 방이 붙어 있었다.

안중근은 이미 세계 언론에 보도되어 함부로 대하거나 고문을 할 수 없는 인물이 되어 있었다.

청나라 사람들은 안중근을 영웅이라고 부르기도 했다.

청일전쟁으로 청나라 사람들은 일본에 대해 좋지 않은 감정을 가지고 있었다. 일본이 조선에 이어 청나라에까지 눈독을 들이고 있다는 소문이 퍼지면서 청나라 사람들은 일본의 힘이 커지는 것을 두려워하고 있었다.

그런데 조그마한 나라의 한 남자가 나타나 그런 일본을 한 번 세게 걷어차 준 셈이니 청나라 사람들 입장에서는 유쾌하고 통쾌한 일이 아닐 수 없었다.

일본 정부 측에서도 안중근을 함부로 대하면 야만인이라 손가락질을 받을까 봐 무척 조심했다. 가뜩이나 국제법으로 재판해야 할 안중근을 막무가내로 뤼순까지 데려온 터였다.

안중근은 찬바람이 뼛속까지 스미는 차가운 감옥에서도 언제나 반듯하게 앉아 책을 읽고 기도를 했다. 두려움도 걱정도 없이 오히려 함께 잡혀 온 동지들을 걱정했다.

"어떻게 그렇게 태연하시오? 무슨 벌을 받을까 걱정이 되지 않소?"

지바가 물으면 안중근은 껄껄 웃으며 대답했다.

"나는 목숨을 걸고 이 일을 했소. 이미 목숨을 내놓았으니 무엇이 두렵겠소. 내가 하고 싶은 일을 이루었으니 그것이 기쁠 뿐이오."

지바는 안중근의 말을 들을 때마다 그의 애국심과 충성심에 감동을 받았다. 지바에게 안중근은 더 이상 죄수가 아니었다. 안중근은 본받고 싶고 따르고 싶은 훌륭한 군인이었다.


검은색 마차에 태워 관동도독부 고등법원으로 호송을 할 때도 지바는 마차 옆에서 같이 걸었다. 덜컹거리는 마차 안에서도 안중근은 의젓하게 앉아 기도를 바쳤다.

뤼순 감옥에서 마차로 10분도 걸리지 않는 거리였지만 지바는 안중근을 보살폈다.

"안중근 씨, 춥지는 않소?"

"괜찮소. 신경 써 줘서 고맙소. 나 때문에 지바 씨가 고생이 많군요."

안중근이 재판을 받을 때면 지바가 더 걱정이 되고 가슴이 두근거렸다.

'설마 이런 사람에게 사형을 내리지는 않겠지?'

누구보다도 안중근을 가까이에서 지켜보던 지바이기에 더욱 더 안중근이 걱정되었다.

용감한 군인으로서 독실한 신앙인으로서 학문을 공부하는 선비로서 아무것도 모자람이 없는 이런 사람을 지바는 여태껏 일본에서건 어디에서건 본 적이 없었다.

안중근은 아무도 보지 않는 감옥의 독방에서도 아침 일찍 일어나 무릎을 꿇고 기도를 바쳤다. 늘 반듯하게 책상에 앉아 책을 읽고 글을 썼다. 이토를 죽였지만 일본인을 증오하는 것은 아니었다. 일본인 간수들에게 예의 바르고 정중하게 대했고, 잡일을 하는 다른 일꾼들에게조차 다정한 모습을 보였다.

"안중근 말이야, 상소리 한 번 한 적이 없어. 빈둥거리며 누워 있는 모습도 본 적이 없다고."

"그러게. 감옥에 있는 죄수가 왜 저렇게 자신에게 엄격하게 지내는 걸까. 나는 정말 조선인을 다르게 보게 됐어."

창밖을 바라보며 앉아 있는 그의 침묵조차도 간수들에게 존경심을 불러 일으켰다.

"저런 분은 내 생애에 다시는 만나지 못할 거야."

지바의 말에 다른 간수들도 고개를 끄덕였다. 뤼순 감옥 그 어디에도 안중근 같은 사람은 없었다.

간수들의 눈에도 죄수가 아닌 성인군자가 감옥에 앉아 있는 것처럼 보였다. 감옥에서의 생활 모습은 이토를 저격한 것만큼이나 일본인들에게 충격이자 신선한 감동이었다.

안중근이 사형 선고를 받고 법원에서 돌아오던 날, 안중근 대신 지바가 눈물을 흘렸다.

"이런 법이 어디 있답니까? 당신 같은 분에게 사형이라니."

안중근은 오히려 지바를 위로했다.

"나는 군인으로서 옳은 일을 했으니 천국으로 갈 것이오. 내가 각오했던 일이 아니오. 당신 같은 좋은 일본인을 알고 죽게 되니 그것 또한 기쁘구려."

안중근의 말을 들을 때마다 지바는 가슴이 시렸다.

"정말 죄송합니다. 일본인으로서 부끄럽습니다."

지바는 죄수를 지키는 간수로서, 일본을 지키는 군인으로서 해서는 안 될 말을 했다. 하지만 해야만 했다. 하지 않으려고 입을 다물수록 마음이 자꾸 그의 목구멍을 열게 했다.

안중근의 사형이 확정된 후, 구리하라 형무소장은 안중근에게 종이와 벼루, 붓을 넣어 주었다. 마음대로 글씨를 쓰고 책을 읽게 허락해 주었다.

안중근의 인품에 반한 사람들은 안중근의 글씨를 받으려고 앞다투어 종이를 넣어 주며 사정했다. 형무소 간수는 물론이고 통역관, 형무소장, 검찰관까지 서로 글씨를 받으려고 아우성이었다.

남몰래 형무소 간수에게 부탁을 넣는 경우도 있었다. 이토를 죽인 살인범에게 왜 잘해 주냐고 따지던 간수들도 어느 새 안중근을 좋아하고 따랐다.

"안 선생, 내게도 글씨 하나 써 주시오. 두고두고 잘 보관하겠소."

안중근은 사형수가 아니라 뤼순 감옥에서 최고의 인기인이었다.

"나는 일본이 우리나라를 침략하고 괴롭히는 것을 막으려 했을 뿐이오. 죄 없는 일본 사람들을 미워하는 것은 아니오."

안중근은 부탁하는 일본인들에게 모두 글씨를 써 주었다.

추운 감옥 안에서 붓글씨를 쓰는 것은 쉬운 일이 아니었다. 2월의 뤼순 감옥 안은 벽이 얼음처럼 차가웠다. 일제가 감옥의 벽을 일부러 얇게 만들어 추울 때는 더 추웠고 더울 때는 더 더웠다. 죄수들에게 더 큰 고통을 주도록 만들어진 뤼순 감옥이었다. 차가운 공기 때문에 피부가 얼음 송곳으로 콕콕 찌르듯 따가웠고 안중근의 손등은 쩍쩍 갈라져 피가 났다.

그런 손으로 한 치의 흐트러짐도 없이 힘 있게 글씨를 써 내려가는 모습을 모두가 감탄하며 지켜보았다.

지바도 안중근의 글씨를 받고 싶었다. 그래서 비단을 구해 조심스럽게 안중근에게 내밀었다.

"내가 지금은 책을 쓰느라 바쁘니 나중에 써 주겠소."

웬일인지 안중근은 다른 사람들 것처럼 그 자리에서 쓱쓱 글씨를 써 주지 않았다.

사형 날짜가 점점 다가왔다. 3월이지만 아직도 눈발이 날리고 매서운 바람이 악마의 혀처럼 감옥을 핥고 지나갔다. 바닷바람 때문에 뤼순은 근처의 다롄(大連. 대련) 같은 도시보다 훨씬 공기가 차가웠다.

지바는 점점 초조해졌다. 지난 몇 달 동안 안중근과 함께한 삶은 자신의 인생을 바꾸어 놓았다. 자신의 가치관을 통째로 흔들어 놓았던 시간이었다. 지바에게는 세상에서 가장 의미 있고 행복한 순간이었다.

이제 안중근이 없는 이 세상은 상상할 수가 없었다.

'안 선생님이 돌아가시면 나는 어떻게 살아갈 수 있을까? 나의 마음을 다 바쳐 존경한 분을 내 조국이 죽인다면 나는 뭘 해야 하는 걸까?'

창살 밖에서 안중근을 들여다볼 때마다 아무것도 할 수 없는 자신이 미워 벽에 기대어 멍하니 서 있을 때가 많았다.

많은 조선인들이 면회를 신청했지만 대부분 허락받지 못했다. 다만 구리하라 형무소장의 배려로 옷가지 등은 전해질 수 있었다.

하루는 안중근에게 들어온 내복을 지바가 검사하고 있을 때였다. 내복의 이음새 부분에서 바스락거리는 소리가 났다.

"뭐지?"

지바는 조심스럽게 내복의 이음새 부분을 칼로 텄다. 종이쪽지가 나왔다. 날짜와 시간이 쓰여 있었다.

'이건! 탈출시키려는 자들이 있구나.'

그럴 만도 했다. 안중근은 독립군 참모중장이었고 그를 따르는 무리는 많았다. 당연히 탈출시키려고 하는 자들이 있을 것이다.

지바는 갈등했다. 자신은 일본군 헌병이며 안중근의 간수이다. 이런 큰일은 윗사람에게 보고해야 하는 것이 군인으로서 당연한 임무였다. 모른 척했다는 것이 발각되면 지바 자신이 명령 불복종으로 아니 어떠한 죄목으로라도 큰 벌을 받을 것이 분명했다.

'하지만 내가 이 일을 위에 보고하면 안 선생님은 어떻게 될까? 사형이 앞당겨지고 많은 사람들이 고통받겠지. 나까지도…….'

"도시치 군, 뭔가? 왜 내복을 들고 멍하니 서 있어?"

옆에 있던 간수가 물었다.

"아, 아무것도 아니야."

지바는 얼른 종이를 구겨 손바닥 안에 넣었다. 그리고 불에 태워 버렸다.

해서 안 되는 일이지만 해야만 했다. 자신이 할 수만 있다면 안중근의 사형을 하루라도 늦추고 싶었다. 안중근은 그에게 살리고 싶은, 붙잡고 싶은 사형수였다.


3월 26일, 지바의 고향에는 따뜻한 봄바람이 불고 있을지도 몰랐다. 하지만 뤼순은 아직도 황량하고 차가웠다.

지바는 안중근을 데리러 갔다. 이 세상에서 가장 존경하는 사람을 자신의 손으로 사형장으로 데려가야 했다. 지바는 자신이 입은 누런 군복도 모자도 싫었다. 차마 안중근을 똑바로 쳐다볼 수도 없었다.

고개를 숙이고 어쩔 줄 몰라 하는 지바에게 안중근이 말했다.

"내가 지바 씨에게 글씨를 써 주기로 약속했었는데."

"잊어버리신 줄 알았는데……. 지금 어떻게……."

지바의 목소리가 가슴 깊은 곳에서부터 떨려 왔다.

안중근은 천천히 책상 앞으로 가 앉았다. 창가 앞에 놓인 그의 책상에는 먹과 벼루, 종이가 가지런히 포개어져 있었다.

안중근은 책상 앞에 차분히 앉아 비단을 꺼냈다. 지바는 곁에서 고개를 숙이고 먹을 갈았다. 먹물 위로 눈물이 자꾸만 떨어졌다.

안중근은 죽음을 앞둔 사람 같지 않게 너무나 의연해서 이미 이 세상 사람이 아닌 것만 같았다.

안중근은 붓에 먹물을 묻혀 비단에 한 자 한 자 정성스럽게 글씨를 써 내려갔다.


爲國獻身 軍人本分

(위국헌신 군인본분. 나라를 위해 몸을 바치는 것은 군인의 본분이다.)


"당신도 군인, 나도 군인 아니오. 우리는 군인으로서 자랑스럽게 조국을 위해 살고 있소. 당신은 당신이 할 일을 잘 해냈소."

안중근의 글씨가 쓰인 비단을 받는 지바의 손이 떨렸다.

'나에게 이 말을 써 주고 싶어 마지막까지 고민하셨구나.'

지바는 안중근의 글씨를 읽고 또 읽었다. 그리고 머리에 마음에 깊이

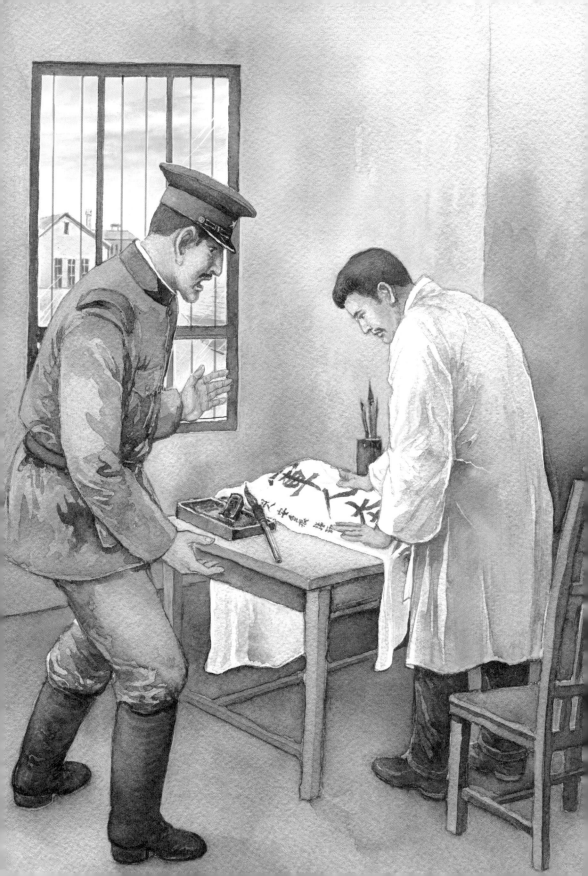

새겼다.

'나는 안 선생님과 같은 군인이 될 자격이 없어. 그분만큼 당당하게 내 나라를 위해 목숨을 바칠 수 없어. 그런데도 안 선생님은 나를 당신과 같은 군인으로 봐 주셨구나.'

글씨가 살아 움직이는 바늘이 되어 지바의 가슴을 콕콕 찔러 냈다.

"선생님, 선생님!"

지바는 분함을 참을 수 없어 단단한 감옥의 벽에 머리를 쿵쿵 찧었다. 머리에서 피가 흘렀지만 마음 아픈 것에 비교할 수가 없었다.

"이런, 피가 나지 않소."

안중근은 자신의 옷소매로 지바의 머리에 흐르는 피를 닦아 주었다.

"슬퍼 마시오. 나는 천주님의 품으로 가는 것이니. 나는 옳은 일을 하고 기쁘게 가는 것이오. 나에게 그동안 잘해 주어서 정말 고맙소. 잘 지내시오."

지바는 우는 것조차 안중근을 욕되게 하는 것 같아 입술을 깨물며 울음을 삼켰다.

'죽는 자가 죽이는 자를 위로하는구나.'

지바는 이 세상이 거꾸로 돌고 있는 것처럼 어지러웠다.

지바는 안중근을 면회실로 안내했다. 동생들과의 마지막 면회가 기다리고 있었다.

안중근은 동생들에게 유언을 남겼다.

"어머님께 불효를 끼쳐 드려 죄송하다고 전해 드려라. 그리고 너희 두 형제가 내 대신 어머니를 잘 모셔 주길 바란다."

안중근은 동생들의 진로와 자신의 아들을 신부로 만들어 달라는 부탁을 했다. 안중근은 죽는 순간까지 자신보다는 주위 사람들을 걱정하고 신앙에 관한 이야기만 했다.


안중근의 사형이 집행된 후, 시신을 붉은 소나무 관에 고이 모셨다. 다른 사형수들은 관이 아닌 나무 통에 넣었지만 안중근의 시신만은 형무소장의 특별한 배려를 받았다.

안중근의 시신은 오후 늦게 형무소 뒤의 야산에 묻었다. 쓰다 가이준 스님이 마지막 장례 의식까지 함께했다.

"시신을 가족에게 보내 주어야 하지 않습니까? 이렇게 비석도 없는 곳에 묻으면 어떻게 합니까?"

지바가 항의했지만 형무소장은 손사래를 쳤다.

"이건 나도 어쩔 수 없네. 본국에서 강력하게 내려온 명령이야. 시신이 가족이 있는 한국으로 가게 되면 독립운동에 불을 붙이게 될 것이네. 우리 정부는 그걸 걱정하는 거지."

지바는 가슴이 터질 것 같았다. 이렇게 묻으면 아무도 안중근의 시신을 찾을 수 없을 것만 같아 걱정되었다.

지바는 안중근을 묻고 돌아온 후, 안중근이 있던 빈 감방 안을 들여다보았다. 안중근이 금방이라도 빈 책상 앞에 반듯하게 앉아 붓글씨를 쓸 것만 같았다.

'내가 얼른 달려가 먹을 갈 텐데…….'

더 이상 자신이 지킬 죄수가 없었다. 더 이상 존경하는 자신의 영웅이 없었다.

지바는 자신이 입은 군복이 너무나 초라해 보였다. 자기가 일본 헌병이라는 것이 너무나 부끄러웠다. 자신의 조국이 훌륭한 사람을 죽이고 몰래 묻어 버렸다는 것에 화가 났다.

애국심과 충성심으로 가득 차 있던 청년 지바는 군복을 벗기로 결심했다. 더 이상 안중근을 죽인 일본의 군인으로 살고 싶지 않았다.

'나는 죽을 때까지 그분을 위해 빌어야 해. 평생 내 마음에 모시고 살겠어.'

스스로 군에서 제대한 지바는 자신의 고향인 센다이로 돌아왔다. 지바는 집에 도착하기 전에 먼저 고향의 산에 있는 작은 절을 찾았다.

다이린지는 사람이 많이 찾지 않는 작고 조용한 절이었다. 지바는 주변이 아트막한 야산으로 둘러싸인 다이린지에 안중근을 모시기로 마음 먹었다.

"주지 스님, 불당에 이분을 모셔 추모하고 싶습니다. 제가 죽을 때까지 평생 존경하고 숭모하며 살고 싶습니다."

다이린지 주지는 안중근의 사진과 비단에 쓰인 글씨를 내미는 지바를 이해할 수 없었다. 더군다나 안중근이 이토를 죽인 한국인이라니. 주지는 도대체 무슨 사연인가 눈이 휘둥그레졌다.

"제가 그런 훌륭한 분과 함께했다는 것이 정말 행복합니다. 평생 그 분을 잊지 않고 존경하며 살게 해 주십시오. 제발 부탁드립니다."

결국 주지를 설득한 지바는 불당에 안중근의 사진과 글씨를 놓고 향을 피우고 절을 했다.

"안 선생님, 천국에 잘 가셨습니까? 당신이 그렇게도 열심히 찾던 천주의 품으로 들어가셨습니까? 오늘도 지바가 왔습니다. 아직도 당신이 제 곁에 있는 것만 같습니다. 당신의 당당한 미소가, 힘 있는 목소리가 그립습니다."

지바는 하루도 빠짐없이 다이린지를 찾았다.

이 사실을 알게 된 이웃들은 지바를 욕하기도 했다.

"전쟁을 하다 미친 거 아니야? 어떻게 우리나라 총리대신을 지낸 분을 죽인 살인자를 위해 기도한단 말인가?"

"그것도 매일 간다잖아. 도대체 그 안중근이라는 자가 어떤 사람이었기에 그러지?"

지바는 주위의 따가운 눈총을 모른 척했다. 충분히 그럴 가치가 있는 일이라고 생각했다.

"당신들도 안중근 선생이 어떤 분인지 안다면 분명 나와 똑같이 했을 것이오."

지바는 군 제대 후 철도원으로 일하다 49세로 생을 마감할 때까지 20년 동안 다이린지를 찾아 안중근을 위해 빌고 또 빌었다.

"여보, 내가 죽으면 당신이 대신해서 안 선생님을 위해 빌어야 하오. 당신이 죽으면 미우라에게 시켜서라도 말이오."

지바 도시치는 죽기 전까지 아내와 양딸 미우라에게 수도 없이 부탁을 했다.

"아버지가 그렇게 존경하고 사랑하는 분이면 저도 그렇게 하겠어요. 제가 죽으면 제 자식들에게도 안중근 선생님을 사랑하고 존경하고 그분을 위해 기도하라고 하겠어요."

어린 미우라도 지바에게 약속을 했다.


지바 도시치 헌병 상사에게 안중근은, 자신의 평생뿐만 아니라 가족 대대로 존경하고 추모해야 할 위대한 군인이었다.

지바 도시치와 그의 부인.
©한국저작권협회 공유마당

안 의사의 유묵,
위국헌신 군인본분.
(보물 제569-23호)
ⓒ한국저작권협회 공유마당

다이린지에 세워진 유묵비.

다이린지에 마련된 안 의사 추도실.

안 의사를 태우고 뤼순 감옥과 법원 사이를 호송했던 마차.
©안중근의사기념관

현재 뤼순 감옥에 재현되어 있는 안 의사의 독방 내부와 외부 모습.

# 종교를 뛰어넘은 우정
-교화승 쓰다 가이준의 안중근

조신지(淨心寺. 정심사)의 승려인 쓰다 가이준은 뤼순 감옥으로 가는 길을 재촉했다. 만주 벌판의 겨울 날씨는 아무리 온몸을 감싸도 살갗을 찢고 뼈를 가르는 듯 추웠다.

일본 오카야마 현에 있는 조신지의 제14대 주지의 셋째 아들인 쓰다 가이준은 자발적으로 뤼순까지 왔다. 쓰다 가이준은 집안 대대로 불자의 길을 걸어온 내력 때문에 자신의 의지와는 관계없이 승려가 되었다. 그것도 아버지 뒤를 이어 조신지를 맡을 주지가 될 것이다. 쓰다는 뭔가 모를 답답함에 집을, 절을 떠나고 싶었고 그래서 선택한 곳이 뤼순이었다.

뤼순 감옥은 1902년 러시아가 청나라 사람들을 가두기 위해 지어졌다. 하지만 러일전쟁(1904~1905년)으로 뤼순을 일본이 차지하게 되자 뤼순 감옥도 자연히 일본의 것이 되었다.

일본은 뤼순 감옥을 차지한 후 회색 건물로 지어진 본 건물에 붉은색 벽돌로 크게 확장을 해서 지었다.

쓰다가 뤼순에서 만난 죄수들은 대부분 청나라 사람들 아니면 러시아 사람들이었다. 도둑, 깡패도 있었고 일본에 저항하는 운동을 해서 잡혀 들어온 정치범들도 있었다.

죄수들을 만나서 부처님의 길로 이끄는 것, 그것이 뤼순 감옥의 포교사로 온 쓰다의 일이었다.

'내가 죄수들을 바른 길로 인도할 수 있을까? 내 자신도 나의 길을 몰라 혼란스러운데.'

교화승인 그를 거부하는 죄수들이 훨씬 더 많았다. 불교에도 관심이 없고 더구나 일본 승려를 반가워하지 않는 그들이었다.

'내가 여기서 뭘 베풀 수 있을까? 저들에게 무엇을 가르칠 수 있을까?'

뤼순에서도 그의 자리는 없는 것 같아 쓰다는 괴로웠다.

그러던 중 구리하라 형무소장의 연락을 받았다. 엊그제 사형 판결을 받은 사형수를 만나 달라는 것이었다.

그리고 오늘 그는 일본을 떠들썩하게 만든 사형수 안중근을 만나기 위해 뤼순 감옥으로 가고 있다.

무엇이 그를 이곳까지 이끌었는지 쓰다 자신도 알 수 없었다.

"포악한 살인마일까? 흉악범일까?"

대체 어떤 인물이 그런 엄청난 일을 저질렀을까 궁금하기도 했고 조금이라도 편안하게 죽음을 맞도록 돕고 싶은 마음도 있었다.

사형수 교화는 스님으로서의 쓰다가 늘 하는 일이었다. 그들이 죽기 전에 참회하고 바른 길로 이끌어 선한 마음을 가지고 죽음을 맞이하게 하는 것.

승려 쓰다 가이준은 야트막한 언덕 위에 자리 잡은 뤼순 감옥을 바라보았다. 바닷바람이 자꾸만 얼굴을 찌르듯 할퀴고 갔다.

다부진 눈에 콧수염이 난 구리하라 형무소장이 친절하게 쓰다 가이준을 맞아 주었다.

"스님, 어서 오십시오. 이렇게 와 주셔서 정말 감사합니다."

"형무소장님도 먼 타향에서 고생이 많으시군요."

구리하라와 쓰다 가이준은 서로 마주보고 합장을 했다. 젊고 매서운 쓰다의 눈빛은 죄수들보다도 더 강렬해 보였다.

"교회실(가르치고 인도하는 방)이 아직은 작습니다. 들어오는 죄수에 비해 교도소가 작아서 더 크게 짓고 있습니다."

구리하라의 설명에 쓰다는 고개를 끄덕이며 염주를 돌렸다. 사실 뤼순 감옥은 2천 명을 수용할 공간에 최대 2만 명의 죄수들을 억지로 가둔 지옥으로 불리는 곳이었다.

훗날 1930~1940년대에는 수많은 항일운동가들이 잡혀 들어와 온갖 고문과 학살을 당하는 무시무시한 곳이 되었다.

작은 불상이 놓여 있는 2층의 교회실은 좁긴 하지만 깨끗했다. 마치 아무도 다녀간 사람이 없는 것처럼 추운 날씨만큼이나 썰렁했다.

"스님, 오늘 만나실 사형수는 안중근입니다. 이름은 들어보셨지요?"

"네. 이도 히로부미 각하를 총으로 쏘아 숙이고 그 옆에 있던 대신과 관리들에게도 총을 쏘았다고 들었습니다."

쓰다는 계속 염주를 돌렸다.

"맞습니다. 하지만 안중근은 다른 죄수들과는 좀 다릅니다. 그냥 살인자가 아닙니다. 조선인들은 그를 영웅이라 부릅니다. 여기 사는 청나라 사람들도 안중근을 존경하지요. 조그맣고 힘없는 조선의 사람이 일본의 대장을 한 번에 쓰러뜨렸다고 말이에요."

구리하라의 말에 쓰다는 그의 얼굴을 쳐다보았다. 그의 말속에는 이미 자신도 안중근을 존경하고 있다는 뜻이 들어 있는 것 같았다.

'사형수를 좋아하는 형무소장이라…….'

쓰다는 사형수를 만나기도 전부터 혼란스러웠다.

"게다가 안중근은 신앙심이 아주 깊은 천주교 신자입니다. 만나 보셔도 괜찮으시겠습니까?"

구리하라가 조심스럽게 물었다.

"네. 우리 일본의 종교인 불교로 교화를 하는 것은 당연한 것이 아닙니까? 그래서 제가 여기에 와 있고요. 그 사람이 원하지 않으면 다음부터는 오지 않을 테니 제 걱정은 하지 마십시오."

쓰다는 고개를 약간 숙이며 염주를 쥔 손으로 합장을 했다.

잠시 후, 지바 도시치라는 헌병 간수가 안중근을 데리고 왔다. 짙은 눈썹에 무뚝뚝해 보이는 지바는 안중근에게 살짝 미소를 띠며 들어가라는 손짓을 했다.

쓰다는 안중근과 마주 앉았다. 통역을 맡은 소노키는 나이가 좀 들어보였다. 소노키가 먼저 쓰다에게 합장을 하며 만나서 반갑다고 활짝 웃었다.

'정말 이 사람은 사형수가 아니구나.'

쓰다는 사형수 교화를 하며 많은 사형수들을 만나 보았다. 하지만 안중근의 얼굴 표정에는 사형수에게서 나타나는 두려움, 삶의 집착, 애절함 등이 보이지 않았다. 당당하고 온화한 얼굴, 마치 내일 모레라도 감옥에서 나가 집으로 돌아갈 사람처럼 편안해 보였다.

"당신이 천주교 신자라는 얘기를 들었소. 당신을 불교 신자로 만들려고 온 것은 아니오. 그저 당신과 편안히 이야기를 나누려고 왔소. 불편하면 언제든 얘기하시오."

쓰다가 합장을 하며 말했다.

"나는 천주교 신자이지만 불교를 싫어하는 것은 아닙니다. 부처님 말씀에도 좋은 말씀이 많지 않습니까? 학문과 사상으로 받아들이면 나에게도 도움이 될 것입니다."

안중근도 합장을 하며 쓰다에게 인사를 했다.

"스님, 안 선생은 학문이 깊은 분입니다. 제 생각에는 스님과도 좋은 사이가 될 것 같습니다."

통역관은 웃으며 안중근과 쓰다에게 따뜻한 차를 따라 주었다. 통역관도 지바나 구리하라 형무소장처럼 안중근을 좋아하고 있었다.

'정말 이상한 경우구나. 조선인 사형수를 통역관, 간수, 형무소장까지 다 좋아하다니.'

쓰다는 차를 마시며 안중근을 다시 쳐다보았다.

"일체유위법(一切有爲法) 여몽환포영(如夢幻泡影)."

(이 세상에 존재하는 모든 것이 꿈과 같고 환상이고 물거품 같고 그림자 같다.)

쓰다는 금강경의 한 구절을 읊었다.

안중근은 고개를 끄덕이며 답했다.

"인생은 물거품처럼 꿈처럼 잠깐이지요. 인생을 이와 같이 생각한다면 슬픔도 기쁨도 한순간입니다."

쓰다는 안중근의 말에 돌리던 염주를 멈출 정도로 놀랐다. 안중근은 천주교 신자이지만 유학을 공부해서 한자도 잘 알 뿐만 아니라 유교와 불교 사상을 함께 받아들이고 있는 인물이었다.

'맞아. 어디서 들으니 조선인들은 유교와 불교 사상을 함께 가지고 있다고 했어. 그런데 이 사람은 천주교 신앙까지 가지고 있으니……'

쓰다는 다시 차를 한 모금 마셨다.

"나는 내 삶에 집착이 없습니다. 부처님 말씀처럼 말입니다. 나는 내 할 일을 다 해냈습니다. 이제 편히 천주님의 품에 가고 싶을 뿐입니다."

쓰다는 안중근의 말에 고개를 끄덕였다.

"삶과 죽음이라는 것이 경계가 없는 것이오. 우리의 인생이란 그런 것이지요."

쓰다는 한참 동안 안중근과 이야기를 나누었다.

"내가 내일 다시 와도 되겠소?"

쓰다가 안중근에게 묻자 안중근은 반갑게 웃었다. 안중근도 쓰다의 남자답고 호탕한 성격이 마음에 들었다.

"물론입니다. 내일도 부처님의 좋은 말씀을 들려주십시오."

쓰다는 안중근이 지바 도시치와 함께 감방으로 돌아가는 뒷모습을 지켜보았다. 그리고 바로 그 첫날 알게 되었다. 자신이 날마다 안중근을 찾아오게 되리라는 것을. 안중근을 교화시키기 위해서가 아니라 자신이 안중근에게서 더 많은 것을 배우리라는 것을.

특별한 일이 없는 한, 쓰다는 거의 날마다 뤼순 감옥에 오다시피 했다. 다른 죄수들도 많이 만났지만 대부분 안중근을 만나는 데 많은 시간을 보냈다.

쓰다는 안중근을 만나는 것이 즐거웠다. 교화승이 사형수를 만나는 것이 아니라 친구가 친구를 만나는 것 같았다. 인간 안중근과 인간 쓰다 가이준이 만나는 것이다. 안중근을 만날 때는 자신이 일본인이고 안중근이 조선인이라는 것을 잊어버릴 때가 많았다. 자신은 부처님 말씀을 이야기하고 안중근은 성서 내용을 이야기했지만 다른 종교라서 경계하는 일은 전혀 없었다.

"게으르고 나태한 사람은 죽음에 이르고, 애써 노력하는 사람은 죽는 법이 없습니다."

쓰다가 부처님 말씀을 얘기하자 안중근은 중용의 한 구절을 붓글씨로 써서 쓰다에게 선물했다.

戒愼乎其所不睹

(계신호기 소불도. 아무도 보지 않는 곳에서 근신한다.)

쓰다는 안중근의 글씨를 받고 흐뭇한 미소를 지었다. 그의 품성에 딱 어울리는 내용이어서 저절로 고개가 끄덕여졌다.

"꽃은 바람을 거역해서 향기를 낼 수 없지만, 선하고 어진 사람이 풍기는 향기는 바람을 거역하여 사방으로 번진다. 이 말은 법구경에 나오는 말씀입니다. 당신을 위한 말인 것 같습니다. 당신은 사형수이지만 통역관부터 간수, 형무소장까지 모두 당신을 좋아하고 존경하지 않습니까?"

쓰다의 진심에 감동받은 안중근은 또 하나의 글씨를 써 주며 말했다.

不仁者不可以久處約

(불인자 불가이구처약)

"어질지 못한 자는 곤궁한 처지에서 오래 견디지 못한다. 논어에 나오는 말입니다. 내 자신을 다스리려고 스스로에게 늘 하는 말이랍니다."

쓰다는 안중근에게 세 점의 글씨를 받았다. 어느 일본인도 두 점 이상 글씨를 받은 사람이 없었다.

안중근은 삶과 죽음의 가치관이 분명히 정해진 사람이었다. 쓰다는 안중근과 이야기를 나눌 때마다 그가 얼마나 큰 사람인지 느낄 수 있었다. 겨우 서른 해를 살았다는 것이 믿기지 않을 정도로 학문이 깊었다. 안중근의 사상은 그 어떤 정치가의 것보다도 올바르고 분명했다.

"전쟁이란 폭력을 수단으로 하는 일입니다. 일본이 침략 전쟁을 멈추어야 동양의 평화가 오고 세계가 변할 것입니다."

안중근의 동양 평화론은 수행하는 스님인 자신이 함께해야 할 불교의 도리요, 부처님의 말씀과 같았다.

인생은 삶과 죽음의 경계가 없다는 부처의 말씀을 전하는 쓰다지만 안중근의 사형 집행일이 전해지자 가슴 한구석이 찌르르 아파왔다.

'나도 아직 멀었구나. 아직 삶에 대한 집착이 남아 있었어. 안중근은 이 세상의 수행을 다 마치고 떠나는데 나는 아직도 수행하고 공부해야 할 것이 많구나.'

사형수를 교화시키는 스님은 사형수에게 죽음을 준비시키는 일을 해야 했지만 안중근은 스스로 죽음을 준비하고 있었다. 그 모습을 통해 오히려 쓰다가 위로받고 있었다.

3월 26일 사형 집행 당일, 쓰다는 부족한 자신의 마음을 다스리며 안중근의 감방 앞으로 발걸음을 옮겼다. 하얀 두루마기를 입은 안중근을 보려니 눈이 부셨다. 어쩌면 똑바로 쳐다보기 힘들었을지도 모른다.

'삶과 죽음이 이렇게 갈라지는구나. 아무리 그 경계가 없다지만……'

간수 둘이 안중근을 경호하며 함께 나섰다. 안중근의 옆에 있던 지바는 안중근보다 더 울었는지 눈이 퉁퉁 부어 있었다. 안중근은 천천히 건물 밖으로 걸어 나왔다. 그는 천주교 신자답게 예수상을 품에 지니고 있었다.

안중근의 사형 집행장은 안중근의 책상이 놓여 있는 창가에서 빤히 보이는 가까운 창고였다. 안중근의 감방 앞에는 무덤처럼 불룩 솟아 있는 식품 저장소가 있고 오른쪽에는 붉은색 담장이 뻗어 있었다.

안중근은 담장 앞에서 잠시 성호를 그으며 기도를 올렸다.

"나무아미타불 관세음보살. 나무아미타불 관세음보살."

그 모습을 보며 쓰다는 염주를 돌리며 반복해서 염불을 외웠다.

임시 사형장으로 만든 창고는 감방에서 그리 멀지 않았다.

아직 봄빛이 들지 않은 뤼순 감옥에서 부슬비와 바람이 안중근의 옷깃을 붙들었다.

사형 집행장 안에는 미조부치 검찰관, 구리하라 형무소장, 소노키 통역관이 기다리고 있었다.

"안중근에게 올 2월 14일 뤼순 지방법원의 언도와 확정 명령에 따라 사형을 집행하겠습니다."

구리하라가 집행 명령을 읽자 소노키가 통역을 했다. 안중근은 말없이 고개를 끄덕였다.

"마지막으로 남길 말이 있는가?"

구리하라 형무소장은 침을 한 번 꿀꺽 삼킨 후 물었다.

"내가 할 말은 이미 다 했다. 다만 내가 이토 히로부미를 죽인 것은 동양 평화를 위해 한 것이므로 이후 한국과 일본이 서로 협력해서 동양 평화를 유지하기 위해 노력해 주기를 바란다."

안중근의 연설 같은 유언에 모인 사람들 모두 잠시 말없이 서 있었다. 지바가 천천히 종이 두 장을 접어 안중근의 눈을 가리고 그 위에 흰 천을 씌웠다. 지바의 손이 덜덜 떨렸다. 지바가 마음 속으로 울고 있다는 것을 쓰다는 느낄 수 있었다.

"하고 싶은 기도가 있으면 마음껏 해도 좋다."

구리하라 형무소장의 목소리도 조금씩 떨렸다.

안중근은 고개를 숙이고 몇 분간 마음속으로 기도를 했다. 쓰다는 그 모습을 지켜보며 마음속으로 수없이 염불을 외웠다.

'당신은 분명 그렇게 간절히 원하는 하느님의 품으로 갈 수 있을 것입니다. 당신은 지금 죽지만 당신이 말하는 하느님의 나라에서 영원히 살 것입니다.'

쓰다는 마지막으로 안중근과 함께 빌었다.

"여기서 대한국 만세를 외치고 싶다."

안중근의 말에 구리하라도 미조부치도 화들짝 놀랐다.

"그, 그건 안 된다."

미조부치가 눈짓을 하자 간수들이 서둘러 교수대로 데리고 갔다.

안중근은 간수들의 안내로 조용히 교수대의 계단을 하나씩 올라갔다. 한 계단 한 계단이 죽음으로 가는 계단이었지만 안중근에게는 영원한 행복을 누릴 수 있는 길로 가는 계단이었다.

안중근은 가부좌를 하고 바르게 앉았다. 그의 목에 밧줄이 걸렸지만 안중근은 조금의 움직임도 없었다. 간수가 교수대 한쪽의 발판을 밟자 안중근이 앉아 있던 바닥이 밑으로 떨어졌다.

1910년 3월 26일 오전 10시 15분, 32세의 젊은 영웅은 그렇게 자유로워졌다.

쓰다는 얼른 눈을 감고 계속 관세음보살을 불렀다. 안중근이 극락세계로 가게 해 달라고 염불을 외웠다. 감긴 눈에서 자꾸만 눈물이 나왔다.

안중근은 원하던 천주의 품으로 갔는데 쓰다는 고통과 번민이 가득한 마음의 감옥에 남았다.

둥그런 나무통에 넣는 다른 죄수들의 시신과는 달리 안중근의 시신은 홍송으로 짠 관에 모셔졌다. 흰 천으로 덮어 예를 갖추었고 관 양쪽에는 안중근이 품고 있던 예수상을 걸었다. 안중근을 존경했던 형무소장은 마지막까지 그를 배려했다.

야산으로 매장하러 갈 때까지 쓰다는 사형수에게 맞는 불교의식을 해야 했다. 목탁을 두드리며 염불을 외웠다.

아직 잎이 돋지 않은 나뭇가지들이 쓰다의 얼굴과 팔을 긁었다. 보슬비가 쉬지 않고 눈물처럼 쓰다의 옷을 적셨다.

안중근의 시신을 매장할 때, 쓰다는 더 이상 목탁을 두드리지 않았다. 안중근은 천주교 신자였다. 성호를 긋지는 않았지만 안중근을 위해 기도를 했다.

부처님에게인지 하느님에게인지, 누구에게 빌고 있는지 자신도 알 수 없었다. 그저 안중근이 평안을 얻기를, 그가 영원히 살기를 빌었다.

비를 맞아서인지 친구가 떠나서인지, 안중근 사형 집행 후 쓰다는 몸살을 앓았다. 며칠 동안 뤼순 감옥 근처에는 가지 못했는데 구리하라 형무소장이 연락을 해 왔다. 뤼순 감옥으로 와 달라는 것이었다. 안중근을 존경하던 구리하라는 어떤 마음으로 지내고 있을까. 쓰다는 문득 감옥 안의 사람들이 궁금해졌다.

"이제 곧 이곳에도 새가 울고 꽃이 피겠지."

쓰다는 뤼순 감옥 입구에서 한참을 서 있었다. 왠지 안중근이 떠난 뤼순의 감옥에는 항상 겨울만이 자리잡고 있을 것 같았다.

"스님, 어서 오십시오. 스님께 드릴 말씀이 있습니다."

구리하라는 모자를 고쳐 쓰며 말했다.

"스님도 아시다시피 안중근의 시신은 아무도 모르는 곳에 묻혔습니다. 우리 정부로부터 안중근의 그 어느 것도 한국이나 가족에게 절대로 내주지 말라는 명령을 받았습니다. 일본의 입장에서는 당연하지요. 안중근은 한국 독립운동의 영웅이니까요. 그래서 안중근의 유품을 처리해야 하는데 말입니다."

구리하라는 쓰다를 쳐다보았다.

"안중근이 쓰던 물건과 사진이 여러 장 있습니다. 그것을 스님께서 보관해 주시면 어떻겠습니까? 저희들은 가질 수 없지만 스님은 안중근과도 친하게 지내셨으니 다른 사람들에게 맡기는 것보다는……."

구리하라가 왜 그렇게 어렵게 쓰다에게 이야기를 꺼냈는지 알 것 같았다. 안중근의 유품은 한국인에게 줄 수도, 그렇다고 일본인들이 마음대로 가질 수도 없었다.

게다가 안중근의 감옥 안의 모습을 찍은 사진들도 꽤 있었다. 그것은 나중에 안중근을 위한 중요한 기록 사진이 될 것이었다.

"그러지요. 제가 가지고 가겠습니다."

쓰다의 말에 구리하라는 한시름 놓았다는 듯이 미소를 지었다. 쓰다는 구리하라가 내준 보따리를 받았다. 안중근이 읽던 책과 편지, 사진들이 대부분이었다.

쓰다는 안중근이 자신에게 써 주었던 글씨 세 점을 곱게 돌돌 말았다. 그러고는 자신의 보따리에 함께 넣었다.

"고향으로 가자. 내가 여기에 더 있을 필요는 없어. 안중근의 유품을 이젠 내가 지켜야 해."

쓰다는 오랜 시간 배를 타면서도 안중근의 유품 보따리를 소중하게 지켰다. 무사히 일본 오카야마 현의 조신지로 안중근의 유품을 가지고 왔지만 그 누구에게도 이것이 안중근의 물건과 사진이라는 것을 말할 수가 없었다.

일본 사람들에게 안중근은 자신들의 영웅을 죽인 큰 죄인이었기 때문에 그의 물건을 가지고 있는 것을 들킨다면 빼앗길 것이 분명했다.

쓰다는 안중근의 유품 속에 자신의 일기장을 함께 넣었다. 뤼순 감옥을 왔다 갔다 하며 만난 사람들, 느낀 것들, 특히 안중근에 대한 이야기가 많이 들어 있었다.

안중근이 사형당하던 모습, 안중근의 묘지에서 장례 의식을 한 일들까지 꼼꼼하게 써넣었다.

쓰다는 안중근의 유품을 조신지의 지하 창고에 넣어 두었다. 그리고 절의 누구에게도 절대 손대지 말라고 일렀다.

쓰다는 흔들렸던 마음을 되잡고 불심을 찾아 수행했다.

"안중근, 당신 덕분입니다. 당신이 나에게 길을 가르쳐 주었습니다. 나에게 살아도 죽고 죽어도 사는 법을 가르쳐 주었습니다."

쓰다 가이준은 조신지의 주지가 되어 묵묵히 자신의 길을 걸었다.

하지만 안중근이 그렇게 걱정하며 막으려고 했던 일들이 기어코 일어나고 말았다. 일본은 한국인과 중국인을 마구 학살했으며 전 세계를 상대로 전쟁을 일으켰다. 많은 일본인들도 함께 죽어 갔다.

안중근은 예언자처럼 동양 평화론을 주장했지만 그의 말을 듣지 않은 일본은 스스로 멸망의 길로 들어섰다.

역사의 소용돌이 속에서, 조신지의 주지였던 쓰다 가이준은 죽었고 지하 창고에 묻힌 안중근의 유품도 지하 창고 깊은 곳에서 나오지 못했다.


그 후로 몇십 년이 흘렀다. 쓰다 가이준의 뒤를 이어 조신지의 주지가 된 후손이 지하 창고를 청소하다 오래된 보따리를 발견했다.

"이게 뭐지? 쓰레기인가?"

주지는 보따리에 불을 붙였다.

"잠깐, 잠깐만요. 이거 쓰다 가이준 스님께서 보관하고 있던 보따리 아닌가요? 안에 뭐가 들어 있는지 확인은 해 봐야지요."

주지의 아내가 얼른 불을 껐다. 보자기를 풀자 안중근이 쓰다 가이준에게 써 주었던 글씨 세 점이 나왔다. 안중근이 뤼순 감옥에 있을 때 찍은 독사진과 사형을 선고받고 동생들과 면회한 사진, 이토를 저격할 때 사용했던 권총 사진, 안중근이 독립운동가 이강에게 직접 쓴 편지 등 소중한 기록들 80여 점이 쏟아져 나왔다.

쓰다 가이준은 오랜 시간 동안 안중근의 유품과 함께 사람들의 기억 저편으로 사라져 있었다. 창고에서 발견된 유품과 함께 쓰다 가이준과 안중근의 만남과 사연도 세상에 알려지게 되었다.

사형수와 사형수를 교화하는 스님과의 만남, 천주교 신자와 스님과의 우정.

그 모든 것이 불교의 인연인자 기독교의 사랑이며 동양의 작은 평화였다.


쓰다 가이준 스님에게 안중근은, 국경과 종교를 뛰어넘는 친구이자 스승이었다.

안 의사 수감 당시 뤼순 감옥 정면 모습.
©안중근의사기념관

안 의사 사형 당시 임시 사형장으로 사용된 창고.
©안중근의사기념관

쓰다 가이준.

敏而好學不恥下問

民이호학 불치하문

不仁者不可以久處約

불인자 불가이구처약

戒愼乎其所不睹

계신호기 소불도

안 의사가 쓰다 가이준에게 써 준 세 점의 유묵.
©한국저작권협회 공유마당

계신호기 소불도 아무도 보지 않는 곳에서 근신한다.
불인자 불가이구처약 어질지 못한 자는 곤궁한 처지에서 오래 견디지 못한다.
민이호학 불치하문 민첩하고 아랫사람에게 묻는 것을 부끄러워하지 말라.

현재 뤼순 감옥의 정면 모습.

현재 뤼순 감옥의 사형장 쪽에서 바라본 안 의사의 독방.

안 의사가 사형당했던 사형장 안의 교수대를 재현해 놓은 모습.

뤼순 감옥에서 당시의 죄수들에게 썼던 고문 기구들.

# 하늘이 선택한 영웅
-동지 우덕순의 안중근

우덕순이 안중근을 처음 만난 것은 1907년 러시아 블라디보스토크에서였다. 러일전쟁 직후부터 세력이 커진 일본은 침략의 야욕을 드러내며 대한제국에서 자신들의 힘을 마음대로 휘둘렀고, 압박을 받은 독립운동가들은 러시아로 망명을 했다. 특히 블라디보스토크는 한인들이 많이 모여 살아 독립운동의 거점이 되었다.

우덕순은 1905년 을사늑약이 체결된 직후 러시아로 건너갔고 안중근은 1907년에 블라디보스토크로 와 청년회 활동을 했다.

김두성을 총독으로 하고 이범윤을 대장으로 하는 의병 부대에서 안중근은 의병 참모중장으로 뽑혔다. 안중근은 여러 지역을 돌아다니며 독립운동 자금을 모았고 의병 참모중장으로서 의병들의 훈련과 교육을 도맡아 했다.

안중근이 이토 히로부미를 저격한 것은 바로 대한의군 참모중장으로서의 활약이었던 것이다.

우덕순과 안중근은 의병을 모으다 만나게 되었고 동갑인 두 사람은 금방 친해졌다.

두 사람은 함께 의병을 모아 부대를 만들었다. 조선 땅에서 싸우는 의병들을 지원하기 위해 두만강을 넘어 경흥, 회령 등에서 일본군과 싸웠다.

안중근이 지휘한 부대는 일본군과 맹렬히 싸웠지만 일본의 신무기와 많은 숫자를 감당할 수 없어 크게 지고 말았다. 쫓기던 의병들은 퍼붓는 비와 배고픔과 싸워야 했다.

"이러다간 모두 굶어 죽겠소. 내가 몇 명을 데리고 마을로 내려가 식량을 구해 오겠소."

우덕순은 안중근의 만류를 뿌리치고 마을로 내려갔다가 그만 일본군에 체포되고 말았다. 심한 고문을 받고 사형 선고를 받은 우덕순은 감옥에 갇혀 있다 무사히 탈출했다.

탈출한 그가 블라디보스토크에 다시 돌아왔을 때 안중근은 놀라며 끌어안았다.

"나는 우 동지가 죽은 줄만 알았네. 우리는 장례까지 치렀단 말일세."

"죽을 뻔했지. 그놈들 손에 잡히면 죽은 목숨이 아닌가. 이젠 나도 왜놈들을 죽이고 죽겠네."

우덕순은 놀라는 안중근을 다독이며 껄껄 웃었다.

우덕순은 러시아에서 우리 교민들이 만들어 발행하는 신문인 「대동
공보」사에서 회계 일을 맡아 보았다. 우덕순은 다시 일제와 싸울 날만
을 기다리고 있었다.

그러던 어느 날, 우덕순이 신문을 들고 안중근에게 뛰어왔다.

"안 동지, 안 동지! 이것 좀 보게."

"무슨 일인데 그렇게 난리가 났는가?"

우덕순은 신문을 펼쳐 안중근에게 보여 주었다.

"이토 히로부미가 만주 땅에 온다는구만."

안중근은 신문을 잡아채듯 빼앗아 읽었다.

"그렇군. 이토가, 이토가 오는군. 우리 한국인들을 죽이고 우리나라
주권을 통째로 뺏어 가려는 침략의 원흉이 이리 가까이 오는군."

신문을 쥔 안중근의 손이 부르르 떨렸다.

"어떻게 할 건가, 안 동지?"

"어떻게 하긴, 놈을 처단해야지. 이 두 손으로."

꽉 쥔 안중근의 주먹 위에 우덕순의 손이 얹어졌다.

"나도 함께 하겠네. 자네와 함께 이토에게 한국인의 분노를 보여 주
겠네."

안중근은 우덕순의 말에 고개를 끄덕였다. 둘은 서로에게 죽음도
함께 할 수 있는 믿을 수 있는 동지였다.

두 사람은 곧 이토 암살 계획을 「대동공보」의 발행인인 유진율과 편집장인 이강에게 말했다.

"안 동지가 총을 잘 쏜다고 들었소. 잘 해낼 수 있을 것이오."

두 사람은 이토를 처단할 총을 구해 주었고 필요한 돈도 마련해 주었다.

유진율과 이강은 거사를 위해 기차를 타고 가는 우덕순과 안중근에게 외투 두 벌을 건네주었다.

"지금 행색이 너무 초라하오. 이토를 맞으러 나온 사람들이 많을 텐데 행색이 초라하면 의심을 받을지 모르니 이 옷을 입으시오."

우덕순과 안중근은 코트를 받아 입었다.

"고맙소, 동지들. 꼭 거사에 성공하리다. 이번 길에 꼭 승리의 총소리를 울리겠소. 뒷일을 부탁하오."

안중근과 우덕순은 자신 있게 웃어 보였다. 기차가 출발하자 이강과 유진율은 눈물을 글썽이며 소리쳤다.

"지금 삼천리강산을 당신들 두 사람이 짊어지고 가는구려."

그 말을 듣는 우덕순과 안중근은 가슴이 뜨거워졌다. 어깨가 무거워졌지만 그것만으로도 기쁘고 행복했다.

기차를 타고 가며 우덕순과 안중근은 계속 거사에 대한 계획을 의논했다.

그들은 거사 장소를 하얼빈 역으로 정했다. 당시 하얼빈은 만주의 정치사회 중심지였으며 이토가 타고 오는 특별열차의 종착지였다.

"그런데 우 동지, 우리가 하얼빈에 머무르면서 정보를 알아내려면 러시아 말을 할 줄 알아야 하는데 둘 다 못하니 걱정이네."

"그러게 말일세. 길을 물어보고 기차 시간도 알려면 러시아어를 잘하는 사람이 필요한데."

걱정하던 두 사람은 하얼빈으로 가는 도중에 유경집을 만났다. 유경집은 블라디보스토크에서 약방을 경영했었다. 이후 포브라니차나야에서 조금 떨어진 한국인들이 사는 마을인 코로지포에 살면서 약방과 한의원을 운영하며 항일운동가들을 도왔다.

안중근과는 몇 해 전부터 아는 사이로, 유경집은 안중근을 존경하던 인물이었다.

"우리는 러시아어를 할 줄 아는 사람이 필요합니다. 도와줄 수 있겠습니까?"

안중근과 우덕순이 부탁하자, 유경집은 자신의 아들인 유동하를 소개시켜 주었다.

"제 아들 녀석이 러시아어를 아주 잘합니다. 여러분들을 도울 것입니다."

우덕순은 근심스럽게 유동하를 바라보았다. 잘생긴 청년 유동하는 겨우 열여덟 살이었다. 죽음을 각오하고 뛰어들기에는 너무나 어려 보였다. 하지만 유동하는 기어코 따라가겠다고 했다.

세 사람은 하얼빈으로 가 하얼빈 한국민회 회장인 김성백의 집에 머물렀다. 김성백은 유동하의 사돈이었다.

"우리, 거사를 앞둔 기념으로 사진 한 장 찍을까요?"

"좋지요. 이왕이면 깔끔하게 이발도 합시다."

안중근, 우덕순, 유동하는 이발소에서 머리를 자르고 중국인이 운영하는 사진관에서 사진을 찍었다.

세 사람 모두 알고 있었지만 말을 하지 않았다. 거사가 성공하든 실패하든 이 사진이 세 사람이 찍는 처음이자 마지막 사진이 될 것이라는 것을.

웃으라는 사진 기사의 말에 세 사람은 조금씩 억지로 미소를 지었다. 마지막 희미한 미소는 점점 사라지고 세 사람의 얼굴에는 비장함만이 남았다.

우덕순은 안중근과 함께 김성백의 집에 머물면서 이토에 관한 자료 조사를 했다. 신문을 모으고 직접 역에 찾아가 기차 노선을 묻기도 하며 이토의 도착 시간과 환영 절차 등에 대한 정보를 모았다. 그래야 실수가 없는 치밀한 계획을 세울 수가 있었다. 권총과 총알도 몇 번씩 다시 점검했다.

러시아어를 하는 조도선이 또 다른 동지로 합류해서 일을 돕기로 했다.

10월 22일 밤, 우덕순이 신문을 읽고 있다가 등불 아래 앉아 있는 안중근을 보았다. 안중근은 앞으로 해야 할 일을 머릿속으로 그려 보고 있었다.

우덕순은 그의 왼손을 보았다. 그의 네 번째 손가락은 벌써 자연스럽게 자리 잡고 있었다. 언젠가 무명지 한 단이 끊어진 손을 보며 안중근이 그때를 이야기해 주었다.

"올해 정월이었네. 엔치야(延秋. 연추. 현 크라스키노)로 돌아와서 동지들을 만났지. 내가 먼저 동지들에게 제의했네. 한마음으로 단체를 만들어 나라를 위해 목숨을 바치기로 맹세하고 꼭 이루자고. 그래서 이렇게 왼손 무명지를 잘라 그 피로써 태극기 앞면에 '大韓獨立(대한독립)' 네 글 자를 크게 썼다네."

잘려서 짧아진 그의 네 번째 손가락은 그가 누군지 말해 주는 또 하나의 증거였다.

'안 동지는 이번 일을 해내지 못하면 또 도전하고 덤벼들겠지. 그는 죽을 때까지 싸우는 것을 멈추지 않을 거야.'

안중근의 성격을 누구보다도 잘 아는 우덕순은 안중근의 잘린 손가락을 보며 생각했다. 의지가 강해서 한다면 하는 사람, 조국을 위해서라면 자신보다 가족보다 먼저 뛰어드는 사람.

"아, 정말 답답하기도 하고 걱정도 되는군. 꼭 성공해야 할 텐데. 일제에 우리의 힘과 의지를 보여 줘야 할 텐데."

안중근은 가슴이 움직이도록 숨을 거칠게 들이쉬더니 글을 읊었다.


장부가 세상에 처함이여 그 뜻이 크도다

때가 영웅을 지음이여 영웅이 때를 지으리로다

텬하를 웅시함이여 어니 날에 업을 일울고

동풍이 점점 차미여 장사에 의긔가 뜨겁도다


분개하여 한번 가미여 반다시 목적을 이루리로다

쥐 도적 이등이여 엇지 즐겨 목숨을 비길고

엇지 이에 이를 줄을 시아려스리오 사세가 고연하도다


동포 동포여 속히 대업을 이룰지어다

만세 만세여 대한 독립이로다

만세 만만세여 대한 동포로다


안중근은 공책에 한시로 먼저 적고 한글 시로 다시 옮겨 적었다.

가슴이 벅차오른 우덕순도 벌떡 일어섰다.

"안 동지의 마음에 화답하는 시를 나도 짓겠네."


만났도다 만났도다 원수 너를 만났도다

중략

오호 간악한 노적아 우리 민족 이천만을

멸망까지 시켜 놓고 금수강산 삼천리를

소리 없이 뺏노라고 궁흉극악 네 수단으로

대한민족 이천만이 다 같이 애련하여

너 노적을 이 정거장에서 만나기를 천만 번 기도하며

주야를 잊고 만나고자 하였더니 마침내 이토를 만났구나

하략


안중근과 우덕순은 서로 〈장부가〉와 〈거의가〉를 주고받으며 흥분된 마음을 가라앉혔다.

"안 동지, 이토를 쏜 다음에는 어떻게 할 작정인가?"

"그 다음은 생각할 필요도 없네. 나는 결코 도망치지 않을 걸세. 내가 무슨 죄가 있어 도망친단 말인가."

안중근은 단호하게 말했다.

이토 암살이라는 거사를 나흘 앞둔 날의 밤은 그렇게 두 사람의 애국 충정과 함께 깊어 갔다.

10월 24일, 유동하는 이토의 행적을 전보로 알려 주기 위해 하얼빈에 남고 안중근과 우덕순, 조도선은 지야이지스고(蔡家溝. 채가구) 역 지하에 있는 여관에 자리를 잡았다. 지야이지스고 역은 러시아 철도와 일본 철도가 만나는 곳이라 이토가 탄 특별열차가 반드시 지나갈 역이었다.

"러시아 헌병들이 쫙 깔렸네요. 무슨 일 있습니까?"

조도선이 모르는 척 안중근과 우덕순을 대신해서 역무원에게 물었다.

"이토 히로부미가 탄 특별열차 때문에 그런다오. 모레 새벽 여섯 시쯤 이토가 탄 열차가 여기에 정차하거든요. 그래서 모두 경계를 철저히 한답니다."

여관으로 돌아온 세 사람은 확실한 소식에 기뻐했다. 우덕순과 안중근은 다시 한 번 총과 총알을 점검했다.

그런데 다음 날 안중근이 근심어린 표정으로 말했다.

"새벽 여섯 시라면 어두워서 이토가 잘 보이지 않을 것 같네. 더군다나 우리는 이토의 얼굴을 확실히 모르고 있지 않은가."

안중근의 말에 우덕순도 고개를 끄덕였다.

"안 동지 자네 말이 맞아. 정말 걱정이군."

"게다가 혹시라도 이 역에서 열차가 정차하지 않고 가 버린다면 우리는 이 귀한 기회를 날려 버리는 셈인데⋯⋯."

곰곰이 생각하던 안중근은 십자 모양이 새겨진 총알을 우덕순에게 나누어 주며 말했다.

"나는 오늘 하얼빈으로 돌아가겠네. 만일 내일 새벽 여섯 시에 이토가 여기에 나타난다면 우 동지가 거사를 하면 될 것이고, 이토가 여기에 서지 않고 하얼빈으로 바로 간다면 내가 그곳에서 거사를 진행하겠네."

"때가 되었네. 우리가 그렇게 꿈꾸던 일을 드디어 하게 되었군. 어쩌면 이 인사가 마지막이 될지도 모르네."

안중근은 우덕순과 작별 인사를 하고 하얼빈 역으로 되돌아갔다.

그날 밤 우덕순은 잠이 오질 않았다. 아니 잘 생각도 없었다.

'둘 중 하나는 꼭 성공해야 할 텐데.'

지야이지스고 역 지하 방에서 우덕순은 온 정신을 밖에다 쏟았다. 새벽이 가까워질 무렵, 조도선이 역 지하에 있는 가게 주인과 이야기를 나누고 들어왔다.

"우 동지, 큰일 났소. 러시아 헌병들이 지야이지스고 역 지하의 문을 모조리 잠가 버렸다고 하오. 우리도 밖으로 나갈 수가 없소. 이토가 온다고 철저히 경계를 하는 것 같소."

조도선의 말에 우덕순은 침대에 몸을 던졌다.

"어떻게 이런 일이 있단 말인가. 꼼짝없이 실패야. 이토는커녕 열차도 못 보게 생겼으니."

우덕순은 분통이 터져 참을 수가 없었다. 얼마나 많은 계획을 세웠던 일인가. 얼마나 오랫동안 바랐던 일인가. 한국인의 한을 풀 수 있는 기회가 사라지다니. 이렇게 허무하게 무너지기에는 너무나 안타까운 일이었다.

여섯 시가 지나고 식당 가게 주인의 말을 들으니 특별열차는 지야이지스고 역에 2분 정도 멈춰 섰지만 내린 사람 없이 곧바로 하얼빈으로 출발해 버렸다고 했다.

'안 동지, 난 실패했네. 문이 잠겨 나갈 수도 없었고 이토는 이 역에 내리지도 않았네. 이제 안 동지 차례요. 부디, 부디 꼭 그 늙은 도적을 처단해야 하네.'

우덕순은 방 안을 왔다 갔다 하며 안절부절 못했다.

그렇게 한참이 지난 후, 우덕순은 시끄러운 소리에 창밖을 내다보았다. 러시아 군인 수십 명이 지야이지스고 역 지하를 포위하고 있었던 것이다.

러시아 장교들이 군인들을 데리고 와 우덕순과 조도선이 머무르고 있는 여관 문을 두드렸다.

"방마다 검사를 하는 중이오. 당신들이 가지고 있는 것을 모두 내놓으시오."

우덕순은 순순히 권총을 꺼내 놓았다. 권총과 신원증명서를 본 장교는 군인들에게 눈짓을 했다. 군인들이 순식간에 달려들어 우덕순과 조도선을 체포했다.

"도대체 무슨 일이오. 나는 아무것도 잘못한 것이 없는데 왜 붙잡는 거요?"

우덕순은 혹시나 하는 떨리는 마음으로 물었다.

"안응칠이라는 조선 사람이 이토 히로부미를 죽였소. 수상한 조선 사람들을 모두 잡아들이라는 명령이 떨어졌소."

장교는 전보를 보여 주었다. 우덕순은 그만 감격에 겨워 소리치고 말았다.

"코레이시케 우라!(한국사람 만세!) 코레이시케 우라! 안 동지가 해냈구나, 해냈어. 장한 내 친구."

만약 지야이지스고 역의 문이 잠기지 않고 이토가 그 역에 내렸다면 영웅의 자리는 우덕순의 몫이 되었을지도 몰랐다. 우덕순은 하늘이 안중근을 선택했다고 생각했다. 안중근은 하늘이 미리 알고 정한 영웅이었다.

우덕순은 조도선과 함께 하얼빈의 일본 총영사관으로 끌려갔다. 일본의 악착같은 수색으로 유동하도 잡혔고, 전혀 관계가 없는 사람들도 한국 사람이라는 이유로 수십 명이 잡혀 갔다.

뤼순으로 가는 기차를 탈 때 안중근을 잠깐 보았지만 이야기를 나눌 수는 없었다.

뤼순 감옥 안에서도 우덕순은 안중근을 만날 수가 없었다. 안중근은 독방에 감금되어 있었다. 우덕순은 다른 죄수들과 함께 좁은 방에 갇혔다. 한 방에 예닐곱 명이 갇혀 있는데 너무 좁아 다리를 펴고 눕기도 힘들었다. 방 안에는 대소변을 담는 오물통 한 개와 물통이 놓여 있었다. 같은 방에는 주로 청나라 사람들이 많았다.

우덕순은 답답했다. 안중근을 만나 기쁨의 인사도 나누고 싶고 장하다고 어깨도 두드려 주고 싶었다.

'안중근은 지금 무슨 생각을 하고 있을까? 우리 둘 다 죽음을 각오했으니 더 이상 두려울 것이 없다.'

우덕순이 안중근을 다시 만난 건 재판정에서였다. 안중근, 우덕순, 조도선, 유동하는 재판정에 들어갈 때 서로를 볼 수 있었다.

안중근은 우덕순이 예상했던 대로 담대한 표정을 하고 있었지만 어린 유동하는 불안한 표정이었다.

우덕순은 거사가 있기 전 안중근과 함께 유동하를 최대한 보호하기로 했었다. 어린 유동하는 앞으로 할 일이 많을 테니 이토 암살 사건에는 모르고 끼어들게 된 것이라고 서로 말을 맞추었다.

재판은 일본의 일방적인 방식으로 진행되었다. 제대로 변호도 받을 수 없었고 조사도 받기 힘들었다.

우덕순은 안중근과 함께 이토 암살 사건에 함께 몸을 담은 것을 인정하고 내용을 밝혔다.

'안 동지도 나처럼 홀가분한 기분일까? 아무리 우리가 죽음을 각오했다고는 하지만 정말 안 동지에게 사형 선고를 내릴까?'

우덕순은 제발 안중근이 살아남았으면 싶었다. 조국이 일본의 지배에서 벗어나는 모습을 함께 보고 싶었다.

5차 마지막 공판에서 재판관은 네 명의 피고인에게 차례로 최후 진술을 하게 했다.

　우덕순은 자기 차례가 되자 침착하게 준비한 말을 꺼냈다.

　"내 자신이 이번 거사에 몸을 담은 것은 한국과 일본 사이를 막는 하나의 장벽을 없애기 위한 것이다. 오늘 이후로는 한국인을 인간적으로 대우해 주고, 또 한국의 독립을 굳건히 해 줄 것을 부탁한다."

　최후 진술을 마친 우덕순은 안중근을 바라보았다. 안중근의 표정만 보아도 그가 얼마나 할 말이 많은지 알 수 있었다.

　안중근의 최후 진술이 이어졌다.

　"하얼빈에서 검찰관이 나를 조사할 때 내 아들에게 내 사진을 보이며 아버지냐고 물으니 내 아들이 그렇다고 대답했다고 했다. 그 애는 지금 다섯 살이며 내가 삼 년 전에 고향을 떠나왔으니 그 애가 두 살 때였다. 그런데 나를 어떻게 알아보겠는가. 조사가 얼마나 엉터리인지 알 수가 있다."

　안중근은 아주 길게 연설을 했지만 그 누구도 막지 않았다.

　"이토 때문에 수십만의 한국인 의병이 목숨을 잃었고 그가 일으킨 전쟁으로 수많은 일본인, 한국인, 청국인이 죽었다. 세 나라 사람들 모두가 동양 평화를 바라고 있는데 이토는 서로를 적으로 만들어 죽이고, 동양의 평화를 어지럽히고, 한국의 독립을 방해하고 있다. 다시 한번 말하지만 나는 자객으로서 이토를 죽인 것이 아니라 대한의군 참모중장의 자격으로 이토를 죽인 것이다. 나는 전쟁에 나갔다가 포로가 되어 이곳에 온 것이니 나를 처벌하려거든 국제법에 따라 다스려 줄 것을 희망한다."

안중근의 긴 연설을 들은 우덕순은 고개를 끄덕거렸다.

안중근은 두 번 거사를 했다. 첫 번째는 하얼빈 역에서 이토를 죽임으로써, 두 번째는 재판을 받으면서 자신의 의지를 세계에 알렸다. 안중근은 재판 과정을 통해 이토의 만행과 일제의 추악함을 알리려고 했다. 그리고 그것은 성공했다. 안중근은 진정한 영웅이었다.

우덕순이 안중근을 마지막으로 본 것은 2월 14일 판결을 받은 날이었다.

마나베 재판장이 우덕순에게는 3년 형을, 그리고 안중근에게는 사형이 선고되었다고 판결문을 읽었다.

안중근은 오히려 당당하게 껄껄 웃었지만 우덕순은 안중근을 잃을 수밖에 없다는 생각에 울분이 터졌다.

'이놈들아, 너희들이 우리를 감옥에 가두고 안중근을 죽인다고 세상이 너희들 마음대로 될 것 같으냐. 이대로 대한국이 너희들 발아래 무릎을 꿇을 것 같으냐? 우리 대한국에는 제2의 안중근, 제3의 안중근이 있고, 수많은 우덕순들이 있단 말이다.'

우덕순은 분함에 흘러나오는 눈물을 삼켰다.

추운 겨울 동안 우덕순은 안중근을 생각했다. 어떻게 죽음을 준비하고 있을지, 혹시 그 안에 세계 여론의 힘으로 사형은 면하게 되지 않을까도 기대했다.

'시간을 벌기 위해 항소를 해도 될 텐데.'

우덕순은 안중근의 사형이 집행되기 전에 꼭 한 번만이라도 만나고 싶었다.

우덕순은 뤼순 감옥에서 추운 겨울을 보냈다. 차가운 감옥 바닥에서는 냉기가 올라와 온몸을 마비시키는 것 같았고, 창살이 박힌 작은 창문은 마음조차 묶어 버렸다.

그렇게 한 달이 조금 지난 3월 26일 점심때였다. 간수가 우덕순을 불러 냈다.

"어디로 가는 것이오?"

우덕순이 물었지만 간수는 대답하지 않고 묵묵히 교회실로 데리고 갔다. 교회실에는 재판관과 교화승 쓰다 가이준이 있었다. 그리고 조도선, 유동하도 있었다. 둘러보니 가운데 흰 보로 덮인 관이 있었다.

구리하라 형무소장이 어리둥절해 있는 우덕순에게 작은 소리로 말했다.

"오늘 아침 10시 15분에 안중근의 사형 집행이 이루어졌소. 당신들은 그의 동지이니 마지막 가는 길에 인사라도 하라고 불렀소."

그제야 우덕순은 그 관 속에 안중근이 누워 있다는 것을 깨달았다.

"이놈들아! 어찌 이럴 수가 있단 말이냐. 믿을 수가 없다. 사실인

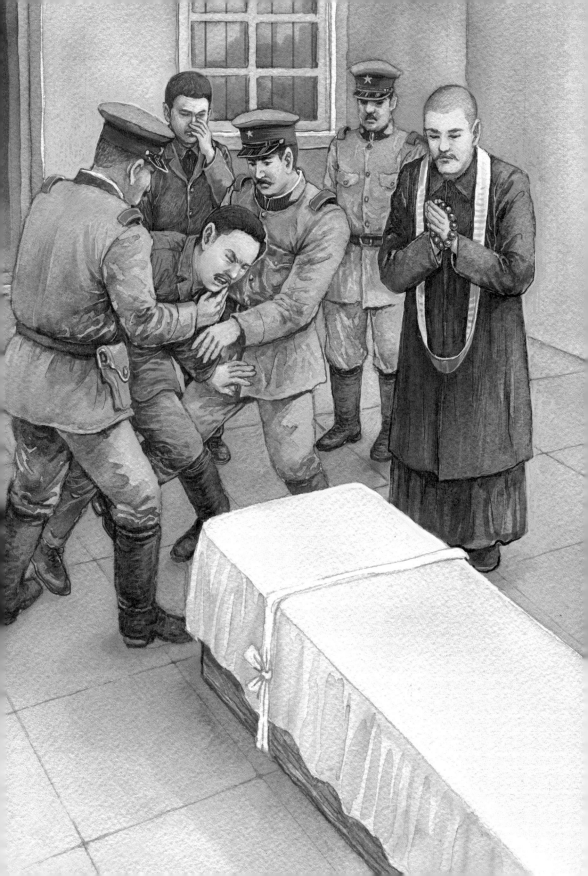

지, 정말 내 친구 안중근인지 봐야겠다."

우덕순은 관에 달려들어 하얀 천을 벗겨 내려 했다. 간수들이 달려들어 우덕순을 말렸다.

"놔라. 네놈들이 기어이, 기어이……."

"시신을 봐서 무엇하겠소. 아무 소용없으니 마지막 작별 인사를 하시오."

구리하라가 달래듯 말했다.

조금 진정이 된 후 세 사람은 주춤주춤 안중근의 관 앞으로 모여들었다.

"안 동지, 잘 가게나. 자네는 나의 영원한 동지였네. 하늘이 자네를 선택했으니 데려갔구먼."

우덕순이 눈물을 흘리며 안중근의 관에 두 번 절을 했다. 조도선과 유동하도 두 번 절을 했다.

"이게 마지막이군요. 잘 가시오, 안 동지."

모두들 잠시 동안 눈물이 멈추지 않았다.

감방으로 돌아온 우덕순은 안중근과 함께했던 때를 떠올렸다. 일본군과의 전투 때 거침없이 앞장서서 싸우던 그였다. 일본군에게 쫓겨 거지꼴로 며칠씩 굶어 가며 함께 도망쳤던 때도 있었다.

생명과 영광을 함께 나누었던 동지 안중근은 명예롭게 세상을 떠났다.

'안 동지, 내 약속하겠네. 내가 감옥에서 나가고 독립이 된 조국에 가면 절대로 우리나라 사람들이 자네를 잊지 않게 하겠네. 자네가 어떤 사람이었는지, 어떻게 치열하게 싸웠는지, 얼마나 조국을 사랑하고 위했는지 내가 전국 방방곡곡을 다니며 사람들을 붙잡고 알리고 또 알리겠네.'

우덕순은 뤼순에서 3년 형을 받았지만 예전의 탈옥 사건이 밝혀져 15년 형을 선고받았다.

'내가 여기서 나가면 안 동지에게 부끄럽지 않도록 살겠네. 자네의 친구로 동지로 온 힘을 다해 싸우겠네.'

우덕순은 항소하지 않는다는 조건으로 감형을 받아 1913년에 출옥했다. 우덕순은 그렇게 안중근이 떠난 뤼순 감옥에서 몇 해를 더 보냈다.

조도선과 유동하는 1년 6개월 동안 감옥에서 지냈다. 유동하는 감옥에서 나온 후, 독립운동에 온몸을 던졌고, 시베리아에서 일본군에게 잡혀 총살을 당했다. 그들은 안중근의 동지로서 자랑스러운 삶을 살았다.

우덕순은 안중근에게 했던 마음속의 약속을 지켰다.

우덕순은 감옥에서 나온 후 다시 만주로 가서 독립운동에 매달렸다. 그리고 해방이 된 후에는 조국에서 안중근의 이름과 업적을 알리

기 위해 뛰어다녔다. 그가 가장 가까이서 안중근의 이토 암살의 거사
를 지켜보고 함께했던 사람이었기에 누구보다 생생하게 안중근의 활
약을 이야기할 수 있었다.

독립운동가 우덕순에게 안중근은, 생명과 영광을 나누고 역사를 함
께 쓴 동지였다.

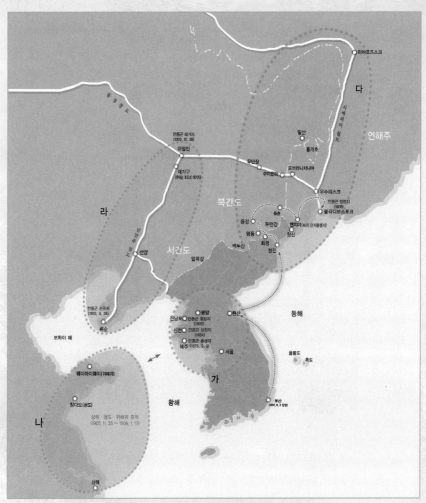

안 의사가 활동했던 지역도.
©안중근의사기념관

안 의사의 단지혈서 엽서.
©안중근의사기념관

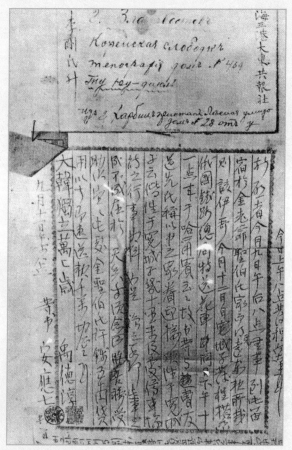

안 의사가 의거 전 대동공보사 편집장인 이강에게 보낸 친필 편지.
©안중근의사기념관

1909년 10월 23일 찍은 기념 사진. 왼쪽부터 안중근, 우덕순, 유동하.
©안중근의사기념관

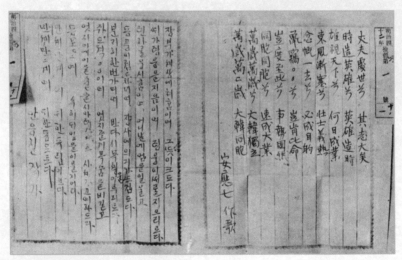

안 의사가 직접 쓴 장부가. 옆의 한글본도 안 의사가 함께 썼다.
©안중근의사기념관

뤼순 감옥에서 죽은 죄수들의 관. 둥근 통 안에 시신을 구겨 넣었다.

# 몇 분간의 만남으로 평생을 기억하다
### -만철 이사 다나카 세이지로의 안중근

다나카 세이지로 만철 이사는 제2대 만철 총재인 나카무라와 함께 이토를 수행하기 위해 특별열차를 함께 타고 있었다.

그가 몸담고 있는 만철, 즉 남만주 철도 주식회사는 러일전쟁으로 러시아에서 넘겨받은 동청 철도의 남쪽 반과 거기에서 발생하는 이익의 권리를 기반으로 만들어진 회사이다. 단순한 철도 회사가 아니라 결국은 만주국을 일으킨 일제 강점기 식민지 지배의 원동력이 되었고 일본 제일의 주식회사로 성장해 나간 회사였다.

만철 회사가 이제 막 커 나가려고 하는 이때에 총리대신을 지내고 추밀원장이 된 이토 히로부미는 아주 중요한 인물이었다.

그래서 다나카 이사뿐만 아니라 만철 총재인 나카무라도 함께 이토의 수행에 나선 것이다.

"이봐 다나카, 이번에 우리 이토 각하의 눈에 단단히 들어야 해. 우리 만철이 이제 막 만주를 차지하고 뻗어 나가려고 하잖아. 만철의 발전이 곧 일본의 경제 발전이야. 우리 만철 회사가 일본이 세계를 지배하는 발판이 될 거라고."

나카무라는 사명감과 자신감이 대단했다. 나카무라 총재의 예측대로 결국 만철은 일세가 한반도는 물론 중국 땅까지 차지하는 원동력이 된 일본의 두뇌 집단이자 경제력의 원천이 되었다.

만철은 청나라의 항구 도시 다롄에 자리를 잡고 있어 뤼순부터 다롄, 창춘(長春. 장춘)을 거쳐 하얼빈까지 이어지는 철도를 이용해 커다란 사업을 시작할 궁리를 했다. 이것을 이끄는 힘은 이토에게서 나왔고 만철 주식회사 사람들뿐만 아니라 일본의 관리들도 이토의 권력 앞에 개처럼 잔뜩 웅크리며 꼬리를 흔들어야 했다.

일본 사람들뿐만 아니라 러시아 관료들도 이토를 극진히 대접했다. 뻗어나가는 일본의 힘을 감지하고 있었기 때문이었다.

10월 16일 일본을 출발한 이토는 10월 18일 랴오둥(遼東. 요동) 반도에 있는 다롄 항에 도착했다. 다나카는 이토가 만주 일대를 시찰하는 동안 내내 그림자처럼 따라다녔다. 이토는 뤼순과 선양(瀋陽. 심양)을 거쳐 하얼빈으로 향했다.

하얼빈은 청나라의 땅이지만 러시아에서 조차권(지역을 지배하며 모든 이익을 가지게 되는 권리)을 가지고 있었다. 하얼빈은 아직까지는 러시아의 힘이 미치는 곳이었지만 일본 만철에서 호시탐탐 노리는 곳이었다.

일본은 청일전쟁의 승리로 랴오둥 반도와 타이완(臺灣. 대만)을 청나라로부터 얻기로 했었다. 하지만 청나라는 일년 내내 얼지 않는 중요한 항구인 뤼순, 다롄 항을 일본에 고스란히 바칠 수는 없었다. 그곳은 보나마나 일본이 청나라를 치고 올라올 중요한 기지가 될 것이기 때문이었다.

청나라가, 철도 사업으로 청나라를 기웃거리는 러시아에 손을 내민 것도 일본이 올라오는 것을 막기 위함이었다. 러시아의 힘을 빌어 보려 했지만 결국 러일전쟁에서 일본이 승리하는 바람에 러시아도 뤼순과 다롄을 내줄 수밖에 없었다.

일본과 러시아는 전쟁보다는 협상으로 청나라와 조선 땅을 나누어 먹을 궁리를 했다. 이토가 랴오둥 반도를 거쳐 하얼빈에 온 또 다른 목적이었다.

러시아식으로 지어진 하얼빈 역은 크고 단단해 보여 위압감을 주었다.

10월 26일 오전 9시, 이토가 탄 특별열차가 하얼빈 역에 도착했을 때 러시아의 재무대신인 코코프체프가 맨 마지막 객차로 올랐다.

이토는 작은 키에 수염이 하얗게 센 예순아홉의 노인이었다. 먼저 하얼빈 역에 도착해서 이토를 기다리던 코코프체프도 이토처럼 코밑부터 턱까지 수염이 덥수룩했다.

"정말 반갑습니다."

"이렇게 환대해 주시니 고맙습니다."

코코프체프와 이토는 반갑게 인사를 나누었고 만철 이사인 다나카는 두 사람의 통역에 나섰다. 20분 정도 러시아 대신과 일본의 추밀원장은 이야기를 나누었다.

기차 밖에는 이미 많은 일본인들이 이토를 맞이하기 위해 일장기를 흔들며 기다리고 있었다. 일본인들은 자신들의 영웅을 맞이하기 위해 열광적으로 환호했다.

이토와 코코프체프는 러시아 군대를 사열하기 위해 열차 밖으로 나왔다. 모리 궁내대신 비서관, 나카무라 총재, 다나카도 물론 바로 뒤를 따랐다.

열차 앞에는 긴 코트와 높은 털모자를 쓴 러시아 군인들이 한 줄로 길게 서 있었다. 러시아의 정부 관리들도 이토를 맞이하기 위해 나와 있었다.

10월 하순이었지만 하얼빈은 벌써 영하의 날씨에 접어들고 있었다.

다나카가 바로 몇 발짝 뒤에서 이토를 따르고 있었고, 이토는 모자를 벗어 사람들과 인사하며 악수를 나누었다.

군인들 너머에는 기모노를 입은 일본 여인들과 양복을 입은 남자들이 이토에게 손을 흔들며 환호했다.

"각하, 만나 뵙게 되어 영광입니다."

"이렇게 마중 나와 주셔서 감사합니다."

이토가 코코프체프와 함께 외국 외교관들 몇 명과 웃으며 악수를 나누었다. 그리고 다시 몸을 돌려 러시아 군대 앞으로 두세 걸음 나아 갔다.

그때였다. 한 남자가 유령처럼 조용히 걸어 나왔다.

양복 위에 검은색 반코트를 입고 검은 모자를 쓴 남자였다. 그 사람이 그 자리에 있는 것이 당연한 것처럼 아무도 신경 쓰지 않았다.

러시아 군대와 수많은 일본인들을 제치고 하늘이 보낸 사람처럼 그 남자는 태연히 이토 앞으로 걸어 나왔다. 그 남자는 브라우닝 권총을 들고 있었다.

수십 년간 그 순간을 기다렸을 남자가 총을 들어 올렸다. 9시 30분, 역사에 영원히 기록될 총성이 하얼빈 역에 울려 퍼졌다.

탕. 탕. 탕.

군악대의 음악 소리, 사람들의 함성 소리 때문에 다나카는 처음에는 아무 소리도 듣지 못했다. 그것이 다나카보다 몇 발짝 앞서 걸어가던 이토를 쏜 총탄 소리라는 것도 몰랐다. 세 발의 총알이 이토의 가슴과 배에 명중했다.

갑자기 이토가 쓰러지고 그 뒤를 따르던 코코프체프가 몸을 낮추며 이토를 부축했다. 그제야 다나카는 무슨 일이 벌어지고 있는지 짐작했다.

그 순간 남자는 몸을 돌려 가와카미 도시히코 하얼빈 총영사와 궁내대신인 모리 야스지로를 쏘았다.

가와카미는 오른손에, 이토를 부축하려던 모리는 왼쪽 어깨에 총을 맞았다.

다나카는 그 짧은 순간이 멈춰진 시간처럼 느껴졌다. 바로 옆에 있는 자신이 총알을 받을 다음 차례 같았다. 너무나 갑작스럽게 순식간에 일어난 일이라 몸이 굳어져 꼼짝할 수 없었다.

호위를 맡은 러시아 병사들과 일본 경비병들조차 멍하니 놀라고만 있었다. 이토와 총을 쏜 남자와의 거리는 겨우 네다섯 걸음의 거리밖에 되지 않았다.

그 가까운 거리를 아무런 제재도 받지 않고 마치 자신의 땅인 것처럼 유유히 걸어 들어온 그 담대한 남자의 배짱에 모두들 넋을 잃은 것이다.

다나카는 자신을 향해 총을 쏘는 남자를 보았다. 순간 발에 통증을 느껴 앞으로 고꾸라졌다. 다나카는 발목을 움켜쥔 채 총을 쏜 남자를 올려다보았다. 그의 눈빛은 마치 호랑이의 눈빛처럼 이글거렸다.

'저, 저 사람은 도대체 누구지?'

다나카는 그 남자에게서 눈을 뗄 수가 없었다.

이토 옆에서 아부를 떨며 그림자처럼 따라다니던 일본의 고위 관리들은 이토가 총에 맞은 것을 알자마자 몸을 낮추고 숨기에 바빴다.

"총이다, 총이야!"

"누군가 총을 쏘고 있어."

"이토 각하가 맞았다!"

열차 안으로 도망치는 사람, 경비병들 틈으로 숨는 사람, 멋진 코트에 어울리지 않게 바닥을 기는 고위 관리들도 있었다.

그곳에는 오로지 총을 쏜 남자만이 아무런 두려움 없이 꼿꼿하게 서 있었다.

"얼른 각하를 안으로 모셔라!"

그제야 사람들의 비명 소리가 들리고 정신을 차린 러시아 경비병들이 남자를 덮쳤다. 남자는 총을 내던지고 소리쳤다.

"코레아 우라!(대한제국 만세!) 코레아 우라! 코레아 우라!"

피를 토하듯 뿜어내는 그의 목소리가 하얼빈 역을 울렸다. 그리고 곧 하늘과 땅에 울려 퍼졌다. 하얼빈에서 외치는, 대한국민들의 가슴 속에서 영원히 사라지지 않을 함성이었다.

남자는 러시아어로 만세를 부르고는 순순히 잡혔다. 처음부터 도망갈 생각이 없는 사람이었다. 순간이 영원으로 기억되는 몇 분이었다.

다나카는 혼란스러운 그 몇 분 동안 총을 쏜 그 남자를 뚫어지게 쳐다보았다. 너무나 의연한 그의 모습에 다나카는 시간도 움직임도 정지된 것 같았다.

똑바로 서 있는 그의 모습에서 빛이 나는 것 같았다.

"사, 사람이 맞나?"

자신을 쏜 남자가 늠름하게 서 있는 모습이 다나카의 머리와 마음에 박혔다. 총알보다 더 깊고 강하게 박혀 평생 빼낼 수 없을 것만 같았다.

다나카는 입술을 깨물었다. 정신이 점점 희미해져 갔다. 그 사이 귀족원 의원인 무로다 요시아야가 이토를 다시 열차 안으로 옮겼다.

총을 쏜 남자는 너무나도 당당하고 강한 눈빛으로 일어섰다. 러시아 군인에게 묶이고 끌려가면서도 의연함을 잃지 않았다.

다나카는 무언가에 홀린 사람처럼 남자를 쳐다보았다.

"다나카 이사님, 정신 차리십시오. 안으로 모시겠습니다."

사람들의 부축을 받고 다나카도 열차 안으로 옮겨졌다. 좁은 열차 안에서 많은 사람들이 바쁘게 왔다 갔다 했다.

"각하, 조금만 힘을 내십시오."

주치의인 고야마젠이 이토의 배 부분에 솜을 대고 있었다. 솜은 벌써 피로 붉게 물들어 있었다. 이토의 가슴과 배에서 피가 뿜어지듯 흘러나오고 있었다.

이토는 거친 숨을 몰아쉬었다.

"브랜디, 브, 브랜디를 다오……."

술을 찾는 이토에게 누군가가 얼른 잔에 술을 따라 왔다. 이토는 한 모금을 마시고는 다시 고개를 떨어뜨렸다.

"누, 누가 쐈지? 모, 모리도 총에 맞았나?"

이토는 남은 힘을 다 짜내어 말을 하고 다시 술잔에 입을 댔다. 곧 일본 헌병이 뛰어 들어왔다.

"총을 쏜 남자는 조선인이라고 합니다."

여기저기서 조센징, 혹은 욕지거리들이 터져 나왔다. 이토도 뭐라고 중얼거렸지만 다나카에게는 제대로 들리지 않았다. 다나카가 보기에도 이토의 목숨은 꺼져 가고 있었다.

다나카는 피투성이가 된 구두를 벗고 발을 감쌌다. 그때 다급한 소리가 들렸다.

"각하! 각하!"

오전 10시. 총에 맞은 지 30분 만에 이토 히로부미의 고개와 손목이 힘없이 툭 떨어졌다.

다나카는 권력의 중심에 서 있던 영웅적 인물이 한순간에 세상에서 사라지는 것을 두 눈으로 똑똑히 지켜보았다.

일본 시골의 가난한 농부의 아들로 태어나서 한 노인의 양자로 들어가 하급 무사가 된 이토였다. 이토는 본인 스스로 방화 사건과 암살 사건에 직접 몸을 던지며 정치적 욕심을 채워 나갔다.

1905년, 이토는 대한제국에 특파 대사로 파견되어 고종황제와 대신들을 압박했다. 일본 부대의 군사들을 세워 놓고 고종황제와 대신들을 한 사람씩 다그치고 협박해서 강제로 일본이 한국을 보호한다는 조약을 맺게 만든 장본인이었다.

을사늑약으로 이토가 한국의 외교권을 박탈하자, 하는 수 없이 대한제국에 머물러 있던 외교 사절들은 다 짐을 싸서 자기 나라로 돌아갔다. 이토는 곧바로 통감부를 설치하고 초대 통감으로 자리를 잡아 대한제국을 식민지화하기 위해 장기석인 계획을 세웠다.

고종황제가 일본의 부당함을 알리려 헤이그에 몰래 특사를 보냈다는 것을 안 이토는 당장 고종황제를 끌어내리고 순종을 황위에 올릴 만큼 대한제국을 한 손으로 쥐고 마음대로 흔들었던 인물이었다.

이번에 만주 지역을 시찰하러 온 것도 그 욕심에 대한 연장선이었다. 곧 있을 한일합병의 그림을 그리고자 러시아의 대신과 영토 분할에 대한 논의도 있을 예정이었다.

이토는 거의 다 완성된 한국 지배의 욕심을 끝내 채우지 못했다. 그의 죄를 묻는 세 발의 총탄 때문이었다. 이토는 자신의 욕심, 일본의 야망에 대한 대가를 톡톡히 치루었다. 다나카도 이토 자신도 그렇게 쉽게 끝나 버리리라곤 상상도 못했다. 감히 이토를 한 번에 끌어내릴, 그것도 죽음으로 끝장내어 버릴 인물이 바로 오늘 나타날 줄은 말이다.

"윽."

다나카는 아파오는 발을 움켜쥐며 신음 소리를 냈다. 발에 총을 맞은 다나카는 자신은 운이 좋았다는 생각을 했다. 적어도 이토의 뒤를 따를 일은 없을 테니 말이다.

다나카는 이토의 죽음을 보며 총을 쏘았던 남자를 다시 떠올렸다. 심장이 딱딱하게 굳어질 만큼 두렵고 경건하기까지 한 존재였다.

다나카는 나중에야 총을 쏜 그 남자가 조선인 안중근이라는 것을 알게 되었다.

그가 왜 이토를 죽였는지, 왜 이토 외에 주변 사람들에게까지 총을 쏘았는지 듣고 놀랐다.

누가 이토인지 정확히 알지 못했기 때문에, 호위를 받고 오는 늙은 이가 이토일 것 같아 먼저 세 발을 쏘았다고 한다. 이토를 쏜 건지 확신할 수 없어 이토라고 생각되는 바로 옆 사람들 몇 명을 더 쏘았다는 것이다. 그리고 죄가 없는 사람을 해칠까 봐 망설이다 한 발을 남겨두었다는 이야기도 들었다.

'그는 신일까? 그는 정확히 이토를 쏘았고, 총을 맞은 사람 중에 죄가 없는 사람은 없었어.'

모리 대신도 가와카미 총영사도 조선을 집어 삼킨 이토 곁에서 식민지 지배를 위해 도운 사람들이었다. 자신은 어떠한가. 자신이 이사로 있는 남만주 철도 주식회사야말로 일본의 식민지 지배를 위한 발판이었다.

남만주 철도 주식회사는 이토가 죽은 이후로도 나날이 성장하여 일본 제국주의의 가장 중요한 부분이 되었다. 철도를 건설하고 석탄을 캐내며 만주의 중요한 산업을 다 차지했다. 1950년까지 일본의 경제에 큰 영향을 끼쳤던 것이다.

'안중근이 그것까지 다 알고 나를 쏜 것은 아니겠지.'

그런 생각이 드니 온몸에 소름이 오소소 돋았다.

다나카는 치료를 받은 후, 구두에 박혀 있던 총알을 재판의 증거 자료로 제출했다. 다나카의 총알이 유일하게 남은 총알이었다. 이토가 맞은 세 발의 총알은 이토와 함께 땅에 묻혔다. 이토의 몸은 썩겠지만 그의 몸에 박힌 총알은 안중근의 분노와 조국 독립에 대한 소망이 담긴 채 일본 땅에 영원히 묻혀 있게 되었다.


다나카는 나이가 들어서도 안중근을 잊을 수가 없었다.

누군가가 노인이 된 다나카에게 물었다. 평생을 살면서 가장 잊지 못할 사람이 누구냐고.

"두 번 생각할 것도 없이 조선인, 아니 한국인 안중근입니다. 내가 그를 본 순간은 10분도 채 되지 않을 겁니다. 하지만 안중근의 그 당당한 모습은 평생 잊히지가 않습니다. 나는 그가 사람이 아닌 신인 줄 알았습니다. 그 사람에게서 빛이 나는 것 같았거든요. 그 눈빛, 살아서 이글거리는 그 눈빛은 내가 죽어서도 잊을 수 없을 것입니다. 그는 정말 태연하고 늠름했습니다. 나는 그런 훌륭한 인물을 전에도 그 후에도 본 적이 없습니다."

다나카는 자신의 발에 총알을 박은 한국인 안중근을 그렇게 평가했
다.


다나카 세이지로 만철 이사에게 안중근은, 평생 잊을 수도 빼낼 수
도 없는 마음에 박힌 총탄이었다.

하얼빈 역(1904~1959).
©안중근의사기념관

안 의사가 사용했던 브라우닝 권총(맨 위)과 동료들의 권총.
©한국저작권협회 공유마당

다나카에게서 나온 십자 총알.
©안중근의사기념관

의거 직전 하얼빈 역의 내부 모습.
©안중근의사기념관

안 의사에게 저격당하기 직전 이토의 모습.
1번 이토 히로부미, 2번 코코프체프 러시아 대신, 3번 다나카 만철 이사.
©안중근의사기념관

의거 직후 체포되어 러시아 측에서 찍은 안 의사의 당당한 모습.
©안중근의사기념관

# 그 어머니에 그 아들
－어머니 조성녀 마리아의 안중근

　안중근의 가족들이 사는 남포항의 집 안으로 갑자기 일본 경찰들이 들이닥쳤다. 그들은 군홧발로 방문을 차고 들어와서 살림살이들을 마구 뒤졌다. 마당으로 대야며 광주리가 나뒹굴었다.

　"뭐하는 짓들이오? 남의 집에서 이게 어인 행패요?"

　안중근의 어머니인 조마리아가 일본 경찰들에게 고함을 쳤다. 대장인 듯 보이는 경찰 하나가 콧수염을 비비 꼬며 다가왔다.

　"이 집 아들이 아주 흉악한 범죄를 저질렀소. 이 집을 샅샅이 수색해야 하니 협조하도록 하시오."

　경찰의 말에 조마리아는 떨리는 가슴을 들키지 않으려 입술을 꽉 깨물었다.

　'큰애가 뭔가 일을 해낸 모양이구나.'

　3년 전 독립운동을 하기 위해 집을 떠난 장남 안중근의 소식이 궁금하던 차였다. 독립군에 합류해 일본군과 싸운다는 얘기도 들려 왔다.

'큰애가 무슨 일을 한 걸까? 성공한 건가?'

"창고, 부엌, 방 안까지 모두 뒤져라. 벽을 뜯어도 좋다."

일본 경찰들이 핏발 선 눈으로 집을 뒤지는 깃으로 보아 보통 일이 아닌 것은 분명했다.

다음 날도, 그다음 날도 경찰들은 시도 때도 없이 집을 찾아왔다. 천장을 마구 쑤시기도 하고 온돌을 파내고 뚫기까지 했다. 집에 있는 가족들의 사진이며 편지, 서류 등을 마구 빼앗아 갔다.

집을 그렇게 쑥대밭으로 만든 후에도 경찰들은 가족들을 감시했다.

"어머니, 오늘도 집 밖에 경찰들이 숨어 있습니다. 집에 들어오는 물건들도 일일이 검사하고요."

"형님이 무슨 일을 했는지, 잡혔는지 도망쳤는지도 모르니 정말 답답합니다."

안공근과 정근 형제는 형 안중근을 걱정하면서도 집안 식구들을 챙기느라 정신이 없었다.

조마리아의 집은 밖에 있는 사람들과 연락을 주고받을 수 없을 정도로 경찰들의 감시와 검사가 심했다.

"도대체 무슨 일일까? 큰애를 만나러 간 분도 어미는 괜찮은 것인지……."

조마리아는 큰며느리인 안중근의 아내가 걱정이 되었다. 안중근을 만나기 위해 큰아들 분도와 둘째 아들 준생을 데리고 하얼빈에 가 있었기 때문이다.

안중근의 아내 김아려는 남편을 만나기 위해 하얼빈에 도착했지만 의거 후라 안중근이 체포되어 아쉽게도 만날 수가 없었다.

일본은 이토가 죽은 직후, 관계되는 범인들을 잡겠다며 한국에서 온 사람들을 마구 잡아들였다. 그 통에 김아려도 함께 붙잡혀 경찰서에 끌려갔다. 일본인 형사한테 신문을 받고 나서야 남편이 이토 히로부미를 저격했다는 사실을 알게 되었다.

'서방님은 큰일을 해내신 거야. 절대 두려워하면 안 돼.'

김아려는 스스로를 모질게 채찍질하며 마음을 다스렸다. 하지만 안중근이 일본 헌병들에게 잡혀 끌려갔다는 말에 아이들을 껴안고 눈물을 흘렸다.

남편 안중근이 독립운동을 하느라 집 밖에서 보낸 시간이 많았지만 두 사람은 사이좋은 부부였다.

'냉정한 살인자라니. 그분이 얼마나 따뜻한 분인데…….'

김아려는 일본 경찰들이 하는 말에 가슴이 터질 듯해서 치맛자락을 꽉 움켜쥐었다.

안중근은 사형 선고를 받은 날도 감옥에 돌아와 가장 먼저 어머니와 아내에게 편지를 썼다.

분도 어머니에게 부치는 글


예수를 찬미하오.

우리들은 이 이슬과도 같은 허무한 세상에서

천주의 안배(알맞게 잘 나누어 배치함)로 배필이 되고

다시 주님의 명으로 이제 헤어지게 되었으나

또 머지않아 주님의 은혜로 천국의 땅에서 영원에 모이려 하오.

반드시 감정에 괴로워함이 없이 주님의 안배만을 믿고

신앙을 열심히 하고 어머니께 효도를 다하고

두 동생과 화목하여

자식의 교육에 힘쓰며

세상에 처하여 심신을 평안히 하고

후세 영원의 즐거움을 바랄 뿐이오.

장남 분도를 신부가 되게 하려고

나는 마음을 결정하고 믿고 있으니

그리 알고 반드시 잊지 말고 특히 천주께 바치어

후세에 신부가 되게 하시오.

많고 많은 말을 천당에서 기쁘고 즐겁게 만나 보고

상세히 이야기할 기회가 있을 것을 믿고 또 바랄 뿐이오.

안중근은 늘 용감하고 두려움이 없는 군인이었지만, 함께 있을 때는 다정하고 자상한 남편이고 아버지였다.

한참 동안 조사를 받다가 겨우 풀려난 김아려는 얼른 집에 안중근의 거사 소식에 대한 전보를 쳤다. 하지만 일본 경찰의 손에 전보가 넘어가 조마리아는 그 전보를 10일이니 지나 받게 되었다.

그동안 안중근의 소식을 알아보러 이리저리 뛰어다니던 정근이 신문에 난 기사를 보았다.

"어머니, 이 신문 기사 좀 보십시오. 이토 히로부미가 살해되었는데 그 살인자가 안응칠이라고 합니다."

"안응칠? 우리 응칠이가 천하의 원수인 이토를 죽였단 말이냐?"

신문을 펼쳐 보는 조마리아의 두 손이 부들부들 떨렸다.

"그래서 일본 형사들이 우리를 그토록 감시했구나. 장한 내 아들. 이천만 우리 민족의 소원을 풀었구나. 우리의 한을 풀었어."

조마리아는 가슴이 벅차 큰 소리로 아들의 이름을 부르고 싶었다.

'응칠아, 응칠아! 자랑스런 내 아들아!'

응칠이는 안중근의 어릴 때 이름으로 배와 등에 북두칠성 모양의 일곱 개의 검은 점이 있어서 붙여졌다.

큰아들 안중근은 둘째 정근 셋째 공근에 비해 훨씬 든든하고 믿음직스러웠다. 장남이기도 했지만 부모에 대한 효심이 컸으며 동생들도 형의 말이라면 무조건 믿고 따를 만큼 의연하고 생각이 깊었다.

1907년 이토 히로부미가 강제로 7조약을 맺고 고종황제를 내쫓고 군사들을 해산시키자 전국에서 의병들이 들불처럼 일어났다.

"어머니, 도저히 안 되겠습니다. 지금 여기서는 일본과 싸울 수 없으니 북쪽으로 가야겠습니다. 군대를 모아 진짜 전쟁을 해야 할 때입니다."

남편이 죽은 후, 집안의 가장이었던 큰아들은 늙은 어머니와 동생들, 그리고 젖먹이 아이들을 남겨 놓고 나라를 위해 과감하게 떠났던 것이다.

그 누구도 말리지 않았다. 안중근의 성격을 누구보다도 잘 아는 어머니 조마리아는 오히려 아들이 집안 걱정을 하지 않도록 힘을 실어 주었다.

"끝까지 남자답게 싸우거라."

조마리아의 한마디 한마디는 안중근에게 총이 되고 칼이 되는 용기를 주었다.


조마리아는 며느리 김아려로부터 전보를 받고 두 아들을 불렀다.

"너희들이 얼른 하얼빈으로 가서 분도 어미를 만나야겠다. 객지에서 얼마나 놀라고 무섭겠느냐. 너희들이 가서 어린 조카들과 형수를 보살피거라."

"네, 어머니. 거기서 형님을 만날 방법을 알아보겠습니다. 이제 저희가 형님 옥바라지를 해야지요."

정근과 공근은 조마리아의 말에 서둘러 움직이기 시작했다. 공립 보통학교의 교사로 일하던 공근은 교사직을 그만두고 형 정근과 하얼빈으로 떠났다.

아들들을 모두 하얼빈으로 보내고 혼자 남은 조마리아는 안중근의 어렸을 때 모습을 떠올렸다.


안중근은 어렸을 때 산으로 들로 뛰어다니며 친구들과 놀기를 좋아하던 개구쟁이 소년이었다.

황해도 해주에 살던 안중근의 할아버지와 아버지는 나라가 어수선 해지자, 모든 것을 정리해서 고향을 떠나기로 했다.

"이렇게 나랏일이 잘못되어 가는데 어떻게 우리가 출세해서 잘 먹고 잘 살기를 바라겠습니까?"

"그래, 우리 산에 들어가 살면서 마음 편히 농사짓고 낚시나 하며 지내자. 더러운 관리들이 들끓는 세상에서 벼슬을 하면 무얼 하겠느냐."

꽤 넉넉한 재산을 가지고 있던 안 씨 집안은 살림을 다 팔고 재산을 정리해서 대가족을 이끌고 신천군 청계동 산중으로 이사를 갔다.

마차를 끌고 이동한 사람들이 70~80명이나 되었다. 그때 예닐곱 살이던 안중근은 산속에서 신나게 뛰어놀며 즐겁게 지냈다.

산이 그를 품고 바람이 그를 달랬다. 조선의 산과 들, 강과 나무가 안중근을 키웠다.

할아버지, 할머니부터 하인들까지 모두 안중근을 좋아하고 함께 어울렸다.

산속에 정착한 가족들은 마을을 이루어 농사를 지으며 살았다.

"농사짓기에도 좋고 경치도 좋으니 신선놀음이 따로 없구나."

그들을 못살게 괴롭히는 정부 관리들도 없고 일제의 손길도 미치지 않아 안중근은 평화로운 어린 시절을 보낼 수 있었다.

그때뿐이었다. 평화롭고 행복했던 시절은. 그 후로 안중근은 인생의 반을 독립운동을 위해 전쟁터에서 목숨을 걸고 싸워야 했으니까.

할아버지와 할머니를 잘 따랐던 안중근은 한문 서당에 들어가 글을 익혔다. 글공부를 하며 책을 많이 읽으면서도 워낙 사냥을 좋아해 사냥꾼들을 따라다녔다. 부모님과 선생님은 안중근이 늘 총을 메고 산에 올라 사냥을 다니자 글공부를 소홀히 할까 봐 야단도 쳤다. 하지만 아무도 안중근을 말릴 수가 없었다.

"사내 녀석이 건강하게 뛰어놀면 최고지. 나는 말 타고 총 쏘는 것이 좋다고."

덕분에 사격 솜씨는 안중근을 따라갈 사람이 없었다. 말을 타고도 날아가는 새를 쏘아 맞추었고 어떤 상황에서도 빗나간 적이 없었다.

그의 총 앞에서는 들짐승, 날짐승도 피해갈 수 없었다. 그가 마음만

먹는다면 흔들림이 없었다.

'우리 중근이는 친구를 사귀고 어울리는 것을 참 좋아했지. 술 마시고 노래 부르고 춤추는 것도 좋아했어. 말 타는 것, 총 쏘는 것도 좋아했고 책도 참 많이 읽었지.'

조마리아는 활달하고 씩씩했던 안중근을 떠올리며 마음속으로 그의 얼굴을 어루만졌다.

안중근이 열네 살 때에 안중근을 그토록 아껴 주었던 할아버지가 세상을 떠났다.

"할아버지, 할아버지. 이렇게 가시면 안 돼요. 저를 그렇게 사랑으로 키워 주셨는데 이제 영영 뵐 수 없다니요."

안중근은 할아버지에게 정이 듬뿍 들어 그 슬픔을 이겨 내기가 힘들었다.

"응칠아, 이러다 너까지 큰 병나겠다. 어서 기운을 차리거라."

"아니에요, 어머니. 아무것도 먹고 싶지 않아요. 너무 슬퍼서 몸도 마음도 꼼짝할 수가 없어요."

안중근은 할아버지가 세상을 떠난 후 반년이나 앓아누웠다.

'우리 중근이는 참 정이 많은 아이였어. 할아버지의 정을 잊지 못해 몇 달을 마음 고생을 하며 누워 있었으니.'

조마리아는 마음 따뜻한 큰아들 안중근의 소년 시절 모습이 자꾸만 떠올랐다.

'그 개구쟁이 녀석, 하마터면 죽을 뻔도 했지.'

어느 해 봄이었다. 안중근은 친구들과 어울려 산에 올라가 경치를 구경했다.

"얘들아, 저기 위쪽까지 올라가 보자."

아이들은 험한 바위가 겹쳐지듯 쌓인 낭떠러지 위까지 올라갔다.

"위에서 내려다보니 정말 경치가 멋지다."

"저기 예쁜 꽃이 있어."

안중근이 낭떠러지 옆에 피어 있는 탐스러운 꽃을 가리켰다. 안중근은 아름다운 꽃을 꺾으려 손을 뻗다 그만 발을 헛디뎠다.

안중근이 주르륵 미끄러지자 아이들이 소리쳤다.

"응칠아, 조심해! 낭떠러지 밑으로 떨어지겠어."

안중근은 미끄러지면서 낭떠러지 아래 쪽으로 굴렀다.

"아악!"

안중근은 떨어지면서도 정신을 차리지 않으면 죽을 것 같다는 생각을 했다. 안중근은 재빨리 손을 휘저어 아무거라도 붙잡으려 했다. 굴러 떨어지다 다행히 손에 나무 한 그루가 잡혔다.

나무를 꼭 쥐고 버티니 벼랑 아래로 구르는 것이 멈추어졌다.

안중근이 겨우 몸을 일으켜 아래를 내려다보았다. 벼랑 아래가 수십 미터는 넘어 보였다.

"헉, 저 밑으로 떨어졌다면 뼈까지 부서져 가루가 되었겠는걸."

안중근은 조심조심 움직였다.

"응칠아, 괜찮아?"

"응. 나 좀 끌어 올려 줘."

산 위에 있던 친구들이 밧줄을 내려 안중근을 끌어 올렸다.

"응칠아, 네가 죽는 줄만 알았어."

"그래, 다친 곳은 없니?"

안중근보다 위에서 지켜보던 친구들의 얼굴빛이 더 창백했다.

"괜찮아. 크게 다치진 않았어."

그래도 놀랐는지 안중근의 옷은 땀으로 흠뻑 젖어 있었다.

"정말 다행이다. 하늘이 너를 살린 거야."

"맞아. 조금만 더 내려갔으면 넌 죽었을 거야."

"그러게 말이야. 나도 얼마나 놀랐는지 몰라. 내려다보니 아래가 까 마득하게 보이더라니까. 하늘에 감사해야지."

안중근은 친구들과 다정하게 손을 잡고 산에서 내려왔다.

조마리아는 그때가 안중근이 죽을 고비를 넘긴 가장 처음이었다고 기억했다. 그 후로 죽을 고비를 참 많이도 넘겼을 것이다. 의병을 일으켜 전쟁을 하고 다녔으니 목숨을 하늘에 맡기고 산 셈이었다.

'이토 히로부미를 죽였으니 이제 산 목숨은 아니겠구나.'

조마리아는 텅 빈 집에서 아들의 흔적을 찾았다. 아들이 잠자던 방, 씻던 물가, 잘 먹던 음식들……

이제 어쩌면 아들을 다시는 만날 수 없을지도 모른다. 그 생각을 하니 가슴 저 밑바닥에서부터 설움이 불길처럼 올라왔다.

"안 돼. 내가 흔들리면 안 돼. 장한 내 아들이 내 걱정을 하게 해서는 안 되지."

조마리아는 벌떡 일어서서 집안 살림을 정리했다. 이제 여기서 가족들이 살 수는 없을 것이다.

일본의 대 역적이요, 조선의 영웅이 된 안중근의 가족이 조선 땅에서 편히 살도록 일제가 가만두지 않을 것이 뻔했다.

2월 중순경, 전보가 왔다. 예상대로 안중근은 사형 선고를 받았다. 자식 대신이라면 자신의 목숨도 내놓을 수 있는 것이 어미였다.

조마리아는 그렇게 할 수 있다면 하고 싶었다. 늙은 목숨 대신 이제 겨우 서른을 넘긴 젊은 아들을 살릴 수 있다면 백 번이라도 대신 죽고 싶었다.

하지만 아들의 목숨은 이미 일본의 손에 넘어갔고 그들은 아들의 죽음을 원했다.

'이토를 죽이려고 생각했을 때, 이미 목숨을 버릴 각오를 했겠지.'

조마리아는 멀리 떨어져 있어도 아들의 생각을 충분히 읽을 수 있었다. 효심 가득한 큰아들이 자신을 걱정하고 있을까 봐 오히려 그것이 걱정이었다.

'장한 내 아들이 하늘로 가는데 어미로서 마지막 선물을 해 줘야지.'

조마리아는 흰 천을 떠다 옷을 짓기 시작했다. 아들 안중근이 세상에서 마지막으로 입을 옷이었다. 한 땀 한 땀 바느질을 할 때마다 눈물이 한 방울 두 방울 떨어졌다.

'부모보다 먼저 죽는 것이 가장 큰 불효라는 말이 너무나 원망스럽구나. 그 말이 중근이의 마음을 아프게 할까 걱정이네.'

조마리아는 옷을 짓는 동안에도 아들 걱정뿐이었다. 깨끗하고 하얀 두루마기를 다 지은 조마리아는 아들에게 보내는 편지를 썼다. 행여나 종이에 눈물 얼룩이 묻을까 눈물을 흘리지 않으려고 입술을 깨물며 글을 썼다.


아들 중근에게


네가 만약 늙은 어미보다 먼저 죽는 것을 불효라 생각한다면
이 어미는 웃음거리가 될 것이다.
너의 죽음은 너 한 사람의 것이 아니라
조선인 전체의 공분(공적인 일에 느끼는 분노)을
짊어지고 있는 것이다.
네가 항소를 한다면 그것은 일제에 목숨을 구걸하는 것이다.
네가 나라를 위해 이에 이른즉 딴 맘 먹지 말고 죽으라.
옳은 일을 하고 받은 형이니 비겁하게 삶을 구하지 말고

대의에 죽는 것이 어미에 대한 효도이다.

아마도 이 편지가 이 어미가 너에게 쓰는 마지막 편지가 될 것이다.

여기에 너의 수의(죽을 때 입는 옷)를 지어 보내니

이 옷을 입고 가거라.

어미는 현세(지금의 세상)에서 너와 재회하기를 기대치 않으니,

다음 세상에는 반드시 선량한 천부(하느님)의 아들이 되어

이 세상에 나오너라.


조마리아는 마지막 용기와 힘을 다 짜내 편지를 썼다. 아들에게 죽으라고 말하는 어미의 마음은 천 갈래 만 갈래로 찢어졌지만 그것이 옳은 것임을 조마리아는 잘 알고 있었다.

조마리아는 생각했다.

'중근이는 내 아들이라고 하기에는 너무나 큰 사람이다. 내가 아들의 죽음을 슬퍼한다면 아들에게 부끄러운 어미가 될 것이다. 나도 대한의 아들 안중근에 걸맞은 어미가 되어야 하지 않겠는가.'

조마리아는 옷과 편지를 고이 접어 죽음을 기다리는 아들에게 보냈다.

안중근이 사형을 당한 후, 조마리아는 얼마 남지 않은 재산을 정리해서 아들들과 함께 만주로 갔다.

안중근 의거 후 안중근의 가족들은 러시아와 중국 땅을 떠돌며 일

제에 쫓겨 살았다. 그 와중에 안중근의 큰아들 분도는 일본의 비밀 간첩에 의해 독살을 당했다. 겨우 열두 살의 어린아이에게 일제는 독이 든 과자를 주었던 것이다.

"우리는 안중근의 어미이고 동생들이다. 그 이름에 부끄럽지 않게 살아야 한다."

조마리아와 안정근 · 공근 형제는 1919년 상하이(上海. 상해)에 임시정부가 생기자, 임시정부에 몸담고 독립운동에 힘썼다. 조마리아는 상하이 임시정부 요원들을 돌보며 그들의 어머니이자 정신적 지주가 되었다.

안공근은 상하이 임시정부와 대한적십자회에서 일했고 백범 김구가 주도하는 한국독립당에서 중요한 자리를 맡아 독립운동군의 세력을 키우는 데 힘썼다. 안정근도 상하이 임시정부에서 특파원을 하며 일본과 싸우며 여러 독립운동을 펼쳤다.

그들은 마지막 순간까지 독립운동을 하다 모두 조국이 아닌 남의 나라에서 죽음을 맞이했다.


안중근의 어머니 조마리아에게 안중근은, 조국에 바친 이천만의 자랑스러운 아들이었다.

어머니 조마리아 여사.
©안중근의사기념관

부인 김아려와 장남 분도(오른쪽), 차남 준생.
©안중근의사기념관

쓰다 스님이 보관해 온 안 의사의 옥중 사진.
©안중근의사기념관

어머니가 보내 준 흰색 두루마기를 입고 있는 순국 직전의 안 의사.
©안중근의사기념관

# 일본의 두 얼굴

## ―관동도독부 고등법원장 히라이시 우지히토의 안중근

히라이시 우지히토 관동도독부 고등법원장은 빡빡 깎은 머리를 쓰다듬었다. 이토를 죽인 안중근이라는 조선인이 뤼순 감옥으로 호송되었다는 것은 곧 자기의 손에 안중근의 재판권이 들어왔다는 뜻이다.

'이거 골치 좀 아프겠는걸. 가뜩이나 우리 일본의 세력이 커지는 걸 못마땅해하는 러시아나 서양 사람들이 이 문제에 대해 관심이 아주 많은데 말이야.'

날마다 안중근의 이토 저격에 대한 뉴스가 전 세계적으로 퍼져 나가며 일본과 조선의 관계가 관심을 끌고 있었다.

동양에서 가장 먼저 서양 문물을 받아들여 선진 문명국임을 자부하는 일본으로서는 서양의 사법 제도를 흉내라도 내야만 했다.

그럴듯한 변호사도 선임하고 신사적으로 죄수를 다루는 모습도 보이며 자랑으로 삼아야 했다.

하지만 일본 정부에서는 이토를 죽인 안중근을 하루빨리 사형시키고 싶어 안달이 났다. 두 마리 토끼를 잡아야 하는 무거운 짐이 히라이시에게 넘겨진 것이다.

"이번 기회를 잘 잡아야 해. 안중근 일을 잘 처리하면 오히려 내게 출세의 길이 보장될 수도 있지. 더군다나 이번 일을 맡은 총 책임자가 두 번씩이나 외무장관을 맡고 있는 고무라 주타로가 아닌가."

히라이시는 팔(八) 자로 짧게 뻗은 콧수염을 매만지며 생각했다.

고무라 주타로는 일본이 남만주에 들어와 세력을 뻗어나가는 데 앞장섰으며 여러 국가간의 협상을 통해 자신의 힘을 과시했다. 고무라 주타로가 조선을 집어삼킬 한일합방을 추진하려고 마음먹는 과정에서 이토가 저격당하는 사건이 터진 것이다.

마음이 급해진 고무라는 안중근의 이토 저격 사건이 터지자마자 바로 러시아 측에 연락해서 안중근을 뤼순으로 보냈다.

러시아에서 재판을 받아야 했지만 일본은 하얼빈에서 기차로 열두 시간도 넘게 걸리는 일본의 힘이 미치는 뤼순까지 데려가려 한 것이다.

"을사조약에 따라 한국인은 일본에서 보호하고 관리해야 합니다. 그러니 우리 일본에서 데려가 재판을 하겠소."

결국 안중근의 재판은 일본의 고집대로 뤼순에 있는 관동도독부로 넘어갔다. 러시아 쪽에서도 복잡한 외교 문제에다 러일전쟁에서 져 일본의 눈치를 볼 수밖에 없어 순순히 안중근의 재판권을 고무라에게 넘겨 주고 말았다.

"그래, 이쪽으로 와야 안중근의 재판을 우리 마음대로 할 수 있지. 러시아에 맡기면 국제법을 적용해서 안중근에게 절대 사형을 선고하지 않을 거야. 사형이 다 뭐야. 그 자가 우기는 대로 독립군으로서 적의 우두머리를 죽였다는 것이 인정되면 나라를 위한 일로 평가되어 아주 가벼운 형량만 받게 될 거라고."

히라이시 역시 고무라와 같은 생각을 하고 있었다.

11월 3일 일본 본국에서 외무성 정무국장 구라치 데쓰기치가 뤼순에 왔다.

"반갑습니다, 히라이시 고등법원장님. 저는 정부에서 지시한 비밀 명령을 가지고 왔습니다. 잘 들으십시오. 세 가지 사항을 꼭 지켜야 합니다."

구라치 데쓰기치는 히라이시의 집무실에서 소리를 낮춰 가며 말했다.

"첫째, 무슨 일이 있어도 일본 법으로 처리해야 합니다. 그러려면 러시아가 아닌 일본 땅에서 해결해야 합니다. 뤼순 법원에서 모든 걸 끝내야겠지요. 둘째, 안중근을 무조건 극형인 사형에 처해야 합니다. 이토 각하를 죽인 조선 놈을 절대로 살려둘 수는 없지 않습니까. 셋째, 안중근은 정치적이나 국제법적으로 처리하면 우리한테 불리합니다. 무조건 못된 테러범이 단순하게 우발적으로 저지른 범죄라는 쪽으로 사건을 작게 만들어야 합니다. 무식한 포수가 개인적인 감정으로 욱해서 총을 쏜 것으로 말입니다."

히라이시는 구라치의 말에 고개를 끄덕였다.

"알겠습니다. 나도 그렇게 생각하고 있었습니다."

고무라는 구라치를 보내고도 마음이 놓이지 않았는지 히라이시에게 전보를 보냈다.

어떻게든지 안중근을 사형하시오. 국가적으로 중요한 문제가 될 것이오. 우덕순도 살인 미수죄를 적용해서 무거운 형을 내리시오. 나머지는 재판의 분위기를 고려해서 결정하시오.

'흥, 자기가 이 재판을 총 지휘할 생각이군.'

히라이시는 자기도 고무라의 꼭두각시놀음을 해야할 것을 깨달았다. 처음부터 일본 정부는 공정한 재판 따위는 생각지도 않았다. 어떻게 하면 외국 기자들과 언론의 관심을 되도록 다른 곳으로 돌리면서 안중근을 죽일 수 있을까에만 온 힘을 기울였던 것이다.

히라이시는 고무라에게 답장을 보냈다.

무슨 일이 있어도 안중근을 사형에 처하도록 하겠습니다. 우덕순도 벌을 무겁게 줄 생각입니다. 분명히 같이 이토 각하를 죽일 모의를 했으니까요. 재판에 관한 모든 준비를 마쳤으니 걱정 마십시오. 젊은 재판관들은 정부의 지휘를 받는 것을 싫어해 우리가 독립적으로 재판하기를 바라고 있습니다. 그 문제 때문에 제가 좀 난처하지만 저는 무조건 정부의 명령에 따라 일을 진행하도록 하겠습니다.

안중근의 1차 공판은 2월 7일에 열렸다. 원래는 1층인 지방법원에서 열릴 예정이었지만 2층인 고등법원 재판정에서 재판을 열었다. 안중근의 재판을 보기 위해 1000명이 넘는 청국인, 일본인, 한국인, 러시아인 들이 몰리는 바람에 300명만을 뽑아 더 넓은 고등법원 재판정으로 옮겼던 것이다.

안중근 재판의 재판장은 지방법원장인 마나베였다. 재판정의 바로 옆이 자신의 집무실인지라 히라이시의 눈과 귀도 온통 안중근의 재판에 쏠려 있었다.

수갑과 포승줄을 푼 안중근과 우덕순, 조도순, 유동하는 가장 앞줄 긴 의자에 나란히 앉았다.

재판정 앞 높은 곳에는 법복을 입은 재판관과 검찰관, 서기관, 통역관이 나란히 앉았고 그 아래에는 형식적으로 앉혀 놓은 일본인 변호사가 있었다.

서양의 법정 흉내를 내려고 서양식 법복을 입었지만 재판 자료를 푸른 보자기에 싸서 들고 들어오고, 구두 대신 일본식의 게다를 끌고 들어오는 모습에 서양 기자들 사이에서 피식거리는 웃음이 터지기도 했다.

방청객 앞줄에는 원래 변호사로 나서기로 했던 너글러스 변호사와 미하일로프 변호사, 안병찬 변호사, 안공근·정근 두 동생이 분노의 눈물을 삼키며 자리를 지켰다.

방청객은 몇 명을 제외하고는 모두 일본인이었다.

히라이시는 재판이 진행되는 내내 초조했다.

재판정에 들어올 때부터 당당하고 꼿꼿한 자세를 유지하던 안중근은 죄수의 자리에 앉아서도 표정 하나 변하지 않았다.

'독한 인간이군. 어떤 벌을 받을지 뻔히 알 텐데 저렇게 태연한 표정으로 앉아 있다니. 간수한테 들으니 아침 식사도 잘 하고 나왔다던데. 보통 사람이면 저럴 수는 없어.'

히라이시는 모자를 벗었다 썼다 하며 재판정 안으로 들어왔다. 뒷짐을 지고 재판정 맨 뒤에 서서 재판을 끝까지 지켜보았다.

"나는 대한의군 참모중장으로서 이토를 죽인 것인데 왜 이 법정에서 재판을 받아야 하는 것인가? 나는 일개 살해범이 아니다. 이것은 잘못된 일이 아닌가."

안중근의 말에 재판정이 술렁거렸다. 일본인들도 자기들끼리 수군

거렸다.

"자기 나라의 독립을 위해서라면 그냥 살인이 아니잖아."

"그러게. 게다가 하얼빈 역에서 벌어진 일을 왜 여기 뤼순에서 재판을 하는 거지?"

여기저기서 수군거리는 소리가 들리자 재판장은 방청객들에게 조용히 할 것을 명령했다.

'내 저럴 줄 알았어. 안중근이라는 작자는 재판이 하나도 두렵지 않은 거야.'

히라이시는 입술을 깨물었다. 마나베 재판장의 당황한 모습이 멀리서도 보였다.

2월 9일에는 세 번째 공판이 열렸다. 안중근이 진술할 차례가 되자 검찰관과 재판관이 잔뜩 긴장하며 의자를 앞으로 당겼다. 지켜보는 히라이시도 입안이 바짝바짝 말랐다.

"나는 살인범이 아닌 적군의 포로로 잡혀 있는 것이다. 나는 한국의 독립 전쟁에서 대한의군 참모중장의 자격으로 적의 우두머리인 이토를 처단한 것이다. 이토는 우리의 황제를 강제로 내쫓고 한국의 황후를 죽였으며, 한국인을 함부로 죽였으니 내 나라의 역적이다. 전쟁을 일으켜 일본에도 큰 피해를 끼쳤으니 이토야말로 한국의 적이자 일본의 적이기도 하다. 난 동양의 평화를 깨뜨리는 모든 아시아 사람들의 적을 죽였을 뿐이다."

안중근의 말이 끝나기도 전에 재판정은 놀람으로 가득 찼고, 마나베 재판장은 어쩔 줄 몰라 법봉을 마구 두드렸다.

"모두 조용히 하시오, 조용히! 안중근은 그만 발언을 멈추시오."

하지만 안중근은 미소를 띠며 계속 자신의 주장을 펼쳤다.

"전에도 밝혔듯이 이토는 수많은 한국인들을 죽였으며 일본에서도 용서받지 못할 짓을……."

'저런 저런. 바보 같은 마나베는 뭘 하고 있는 거야. 어서 안중근의 입을 막아야지.'

지켜보던 히라이시의 주먹에 힘이 들어갔다.

"모두들, 방, 방청객 모두들 퇴장, 퇴장하시오. 헌병들은 빨리 방청객을 밖으로 내보내라. 어서!"

마나베는 당황하여 소리를 질렀다. 재판을 더 구경하고 싶었던 일본인들은 궁시렁거리며 억지로 끌려 나갔다.

재판정은 방청객이 한 명도 남지 않은 텅 빈 곳이 되었고, 사람들의 비웃음만이 조용히 메아리치고 있었다.

'안중근의 말은 칼이고 총이구나. 그의 말 한마디 한마디가 사람들의 마음에 박히고 일본을 향해 쏘아 대고 있으니, 무서운 사람이다. 일본 사람들조차 그의 말이 틀리지 않음을 느낀다면 이 사건에 귀를 기울이는 외부 사람들은 뭐라고 할까. 일본의 망신이야, 망신.'

히라이시는 마나베에게 얘기해서 앞으로의 재판은 방청객 없이 해야겠다고 생각했다.

1910년 2월 14일, 일본 정부의 강력한 요청이자 히라이시의 의도대로 안중근에게 결국 사형이 구형되었다.

마나베 재판장이 판결문을 읽는 동안 히라이시는 왼쪽 앞자리에 앉아 안중근을 바라보았다.

"이토 공작 살해 사건으로 안중근은 사형, 우덕순 징역 3년, 조도순 징역 1년 6월, 유동하 징역 1년 6월에 처한다."

여기저기서 신음 소리가 들렸다.

"설마 했는데······. 나쁜 놈들."

법정에 앉아 지켜보던 안공근, 정근 두 형제는 분노에 차 고개를 젖히고 두 눈을 감았다.

'아무리 죽을 각오로 일을 저질렀어도 막상 사형을 받으면 놀라고 두렵겠지.'

히라이시는 바르르 떠는 안중근의 모습을 기대하며 바라보았다. 누구보다도 사형 선고를 받은 죄수들의 두려움에 찬 표정을 많이 봐 왔기 때문이었다. 하지만 사형을 받은 안중근은 큰 소리로 외쳤다.

"너희 나라에는 사형보다 더 큰 형벌은 없느냐? 이 재판 결과는 이미 다 정해져 있던 것이 아니냐. 하하하."

안중근의 호탕한 목소리가 재판정을 휘돌아 마나베와 히라이시의 머리를 때렸다. 히라이시는 자신도 모르게 벌떡 일어서서 법정을 나

왔다. 몸이 휘청거릴 것 같아 벽을 잡고 복도를 지났다.

사형보다 더 큰 형벌은 없느냐며 웃으며 묻는 안중근의 목소리가 자꾸만 되풀이되어 들렸다.

히라이시는 자신의 집무실로 돌아와 의자에 털썩 주저앉았다.

"안중근은 도대체 누구란 말이야. 어떤 인간도 사형 선고를 받는 순간에 저렇게 눈썹 하나 움직이지 않고 웃을 수는 없단 말이다."

히라이시는 주먹으로 책상을 내리쳤다. 분명 자신의 뜻대로 되었지만 싸움에서 진 것 같은 기분이었다.

사형을 받은 안중근은 법정에서 승자였다. 이토를 죽이고 대한국 독립의 뜻을 법정과 언론에 널리 알리고, 사형을 받고도 일본 정부를 조롱했다. 완벽한 안중근의 승리였다. 사형을 받고도 기뻐하는 그의 모습은 그가 사형수가 아니라 영웅임을 말해 주는 것이었다.

"이런 젠장!"

히라이시는 얼굴을 감싸 쥐었다.

일본 정부는 안중근을 깎아내리기 위해 몸부림을 쳤다. 직업이 없는 사람이라고 밝히기도 하고, 배운 것 없는 무식한 포수라고 알리기도 했다. 잘못된 영웅 의식에 충동적으로 살인을 저질렀다고 몰아갔던 것이다.

하지만 모든 것은 저절로 밝혀졌다. 사형 선고를 받는 순간 안중근은 영웅으로 또 한 번 태어났다. 일본이 몸부림칠수록 안중근의 위상은 더욱 더 높아져만 갔다.

사형 선고가 내려졌지만 아직 모든 게 끝난 것이 아니었다. 안중근이 재판의 결과에 불복하고 항소를 하면 고등재판부로 사건이 올라오게 된다. 그러면 이제 고등법원장인 자신이 재판장이 되어야 하고 자신이 안중근과 싸움을 한 번 더 벌여야 한다.

"그의 논리 정연한 연설을 듣는다면 모두들 안중근의 말이 옳다는 것을 알게 될 거고, 재판부는 또 한 번 보기 좋게 망신을 당하겠지."

히라이시는 깨달았다. 자신이 재판정에서 안중근을 마주하고 싸워선 안 된다는 것을. 안중근이 당당한 모습으로 자신의 뜻을 펼치며 일본 정부와 일본의 재판정을 비참하게 만드는 것을 볼 수가 없었다.

"안 돼, 그것만은 피해야 해."

히라이시는 뤼순 감옥의 구리하라 형무소장을 불렀다.

"내가 안중근을 직접 만나야겠네. 자네가 안중근과 사이가 좋다는 이야기를 들었어. 자네가 얘기하면 안중근이 나를 만나 줄 거야."

"그렇긴 합니다만 왜 만나려고 하십니까?"

"나도 안중근이라는 인물을 직접 만나서 이야기를 나눠 보고 싶어서 그래. 대단한 사람이라고 들었거든."

히라이시는 속마음을 숨기고 안중근에게 호감이 있는 척 이야기를 꺼냈다.

구리하라는 안중근에게 히라이시의 뜻을 전하고 두 사람이 만날 수 있게 고등법원으로 안중근을 데려왔다.

"만나서 반갑소."

히라이시는 거짓 미소를 띠며 안중근을 맞았다.

"나는 살인범이 아니오. 전장에서 적장을 죽인 군인이란 말이오. 그런데 사형 선고라니. 일본은 국제적인 법과 원칙을 따르지 않는단 말이오?"

히라이시는 안중근의 말에 거짓 웃음까지도 말라 가는 것 같았다.

"허허허. 우리도 다 압니다. 하지만 어쩌겠소. 당신이 워낙 큰일을 하지 않았소. 나도 정말 안타깝게 생각하고 있소."

히라이시는 안중근의 마음을 열기 위해 준비해 둔 말을 꺼냈다.

"나도 당신의 말이 옳다고 생각하지만 우리나라 정부에서 바꾸려고 하겠소? 하지만 나는 당신의 의견을 최대한 정부에 잘 전달하겠소."

히라이시는 진심을 담은 척 말했다.

"일본과 청나라, 우리나라는 아시아의 중요한 세 나라요. 우리가 힘을 합해서 서구의 열강들을 이겨 내야 할 판에 일본은 우리를 지배하려 전쟁을 일으키고 있지 않소. 일본은 지금 당장은 힘을 얻어 가고 있다고 생각하겠지만 결국 자신들을 멸망의 길로 인도하고 있소."

히라이시는 안중근의 반듯하고 뚜렷한 사상이 귀에 들어오지 않았다. 어떻게든 안중근을 달래야겠다는 생각만 들었다.

"그렇다면 당신의 주장은 무엇이오. 우리 동양이 어떻게 평화롭게 살아야 한다는 것이오?"

안중근은 하나하나 차근차근 자신의 구체적인 방법을 설명했다. 3국 공동 은행을 설립하고, 서로의 언어를 익혀 3국의 청년들을 교류하게 하고 더 이상 이권 다툼으로 전쟁이 일어나지 않도록 뤼순을 청나라에 돌려주어야 한다는 등의 이론을 술술 쏟아 내었다. 안중근은 장장 세 시간 동안 히라이시에게 동양 평화론의 내용을 설명했다.

'정말 이 모든 것이 이 자의 머리에서 나온 생각이란 말인가? 정말 책 몇 권을 쓰고도 남겠군.'

히라이시는 안중근을 빤히 쳐다보았다. 마치 그의 머릿속을 들여다보고 싶은 것처럼.

안중근은 히라이시에게 말했다.

"내 사형 집행 날짜를 한 달 정도 늦추어 줄 수 있겠소? 동양 평화론을 쓰고 싶소. 내 생각을 책으로 남기고 싶소."

안중근이 자신의 마음속 이야기를 꺼내자 히라이시는 좋은 기회를 잡았다고 생각하며 활짝 웃었다.

"어디 한 달뿐이겠소? 몇 달이라도 늦추어 주겠소. 내 특별히 허가해서 당신의 뜻을 펼칠 기회를 줄 테니 걱정 마시오."

히라이시는 안중근에게 굳게 약속하였다. 안중근은 히라이시의 두 얼굴을 보지 못했는지 아니면 볼 필요가 없다고 생각했는지 고맙다는 인사를 했다.

'됐어. 이제 항소는 하지 않을 거야. 더 이상 재판을 할 필요 없이 안중근을 사형에 처해야겠다. 동양 평화론이라고? 쳇, 대단한 사상가인 모양이군. 하지만 그 책을 다 쓸 때까지 일본 정부가 기다려 줄까.'

히라이시는 자신 있게 약속은 했지만 그것이 지켜지지 않을 것을 알았다.

안중근은 그 자리에서 히라이시에게 시문을 써 주었다.

天地飜覆 志士慨嘆 大廈將傾 一木難支

(천지번복 지사개탄, 대하장경 일목난지. 천지가 뒤집혀짐이여, 지사가 개탄하도다. 큰 집이 장차 기울어짐이여, 한 가지 나무로 지탱하기 어렵다.)

"고맙소, 고맙소."

히라이시는 한자로 쓰인 시문을 보며 자신도 모르게 감탄을 했다.

히라이시는 안중근이 나갈 때까지 사형수가 아닌 손님처럼 친절하게 대했다.

히라이시는 안중근이 돌아간 후 시문을 보며 생각에 잠겼다.

'우리 일본은 이미 안중근에게 졌어. 이토 각하를 죽였기 때문만은 아니야. 저런 인물이 한국 사람이라니. 그것만으로도 우린 졌어.'

히라이시는 일본 정부로부터 안중근의 사형을 서두르라는 압력을 계속 받고 있었다.

결국 안중근이 《동양 평화론》을 앞부분만 겨우 썼을 때 히라이시는 사형 집행 명령을 내렸다. 그의 거짓된 약속은 일본의 앞뒤가 다른 두 얼굴의 모습을 잘 보여 주었다.

그때 구리하라 형무소장이 편지를 보내왔다.

안중근의 사형을 보름 만이라도 늦춰 주십시오. 지금 쓰고 있는 동양 평화론을 끝내야 하는데 시간이 부족합니다. 부디 안중근의 사형을 연기해 주십시오.

히라이시는 방 안을 왔다 갔다 하다 의자를 발로 찼다.

"정신 나간 녀석 같으니라고. 지금 하루라도 빨리 안중근을 없애 그에게 몰린 세계의 눈과 귀를 돌려야 하는데, 뭐? 사형을 늦춰 달라고? 형무소장이라는 녀석이 사형수를 동정하다니. 아니 그 녀석은 안중근을 좋아하고 존경하는 게 틀림없어. 잘하는 짓이다. 일본인 형무소장이 조선인 사형수를 존경해서 사형을 늦춰 달라고 부탁을 하다니."

히라이시가 화가 나는 이유는 강경하게 나오는 일본 정부나 자신의 입장을 고려하지 않고 부탁을 하는 구리하라 때문만은 아니었다.

훌륭한 인품과 성격으로 간수뿐만 아니라 형무소장의 마음까지 사로잡은 안중근 때문이었다. 그런 안중근을 죽여야 하는 것에 대한 눈곱만큼의 양심의 가책이 어쩌면 분노로 탈바꿈했을지도 모른다.


1910년 3월 26일 오전 10시 15분, 안중근의 사형이 뤼순 감옥에서 집행되었다. 그날 오후 히라이시는 안중근의 시신을 묻는 작업이 모두 끝났다는 보고를 들었다.

"휴, 됐어. 이제야 살 것 같군."

히라이시는 그동안 정체 모를 무거운 것이 가슴을 꾹 누르고 있는 것 같았다.

"안중근은 죽었어. 죽었다고. 하하하. 당연히 기뻐해야 하는 일이야. 그렇고말고."

히라이시는 가슴에 달려 있는 훈장을 만지작거리며 실실 웃음을 흘렸다.

"축하 파티를 해야겠다. 그래. 안중근 사건 관계자 위로 만찬회! 좋다, 좋아!"

히라이시는 재판에 참여했던 사람들을 모두 자신의 관사로 불러 모았다.

5시가 되자, 마나베 재판장, 미조부치 검찰관, 소노키 통역관 등 안중근 재판에 관계되어 있는 사람들이 모두 뤼순 고등법원장 히라이시의 관사로 불러들여졌다.

"자, 자, 우리가 아주 대단한 일을 해냈습니다. 다함께 기념 사진을 찍읍시다."

히라이시는 모든 것이 자신의 공인 양 거들먹거리며 사람들을 부추겼다.

히라이시는 사람들을 모두 앉혀 놓고 인사말을 했다.

"우리는 이번 안중근의 재판에서 사형까지 모두 잘 끝냈습니다. 뭐 우리 정부에서 미리 사형을 결정해 놓긴 했지만 우리가 그것을 잘 이끌고 가지 않았습니까? 정부 측에서도 아주 만족해하고 있습니다. 안중근이 보통 인물은 아니었다는 걸 나도 잘 알고 있습니다. 하지만 그는 이제 죽었습니다. 우리 손에 사형당했단 말입니다. 우리는 기뻐해야 합니다."

히라이시는 춤이라도 출 듯이 어깨를 들썩여 보였다.

"맞습니다, 재판장님. 우리는 대일본제국을 위해서 큰일을 한 것입니다."

경시총장 사토가 히라이시의 말에 맞장구를 쳤다.

"기생들과 술을 들여라."

히라이시의 명령이 떨어지자 고급 술집에서 온 기생들이 들어와 술잔치를 벌렸다. 사람들은 어울려 술을 마시기도 하고 춤을 추기도 했다. 흥에 겨워 노래를 부르는 사람도 있었다.

"또 한 가지 기쁜 소식이 있습니다. 우리가 수고한 것에 대한 보상

이 있을 거라고 합니다. 정부에서 우리에게 넉넉한 보상금을 내려준다고 합니다."

모인 사람들은 히라이시의 말에 한바탕 웃으며 술잔을 부딪쳐 건배를 했다. 밤 10시가 넘어서까지 술 마시고 노래를 부르며 서로를 칭찬했다.

그들은 일본 정부의 각본대로 충실히 움직인 꼭두각시였다.

일본 정부는 안중근을 사형시키기 위해 재판을 미리 조작했으며, 그 결과를 얻기 위해 많은 공을 들였다.

"끝났어. 다 끝났다고. 나는 이제 안중근에게서 벗어났어."

술에 취해 눈이 벌게진 히라이시가 비틀거리며 외쳤다.

히라이시는 혀가 꼬부라지고 몸이 휘청거리도록 술을 마셔 가며, 안중근에 대한 마음을 털어 내려 몸부림을 쳤다.


히라이시 우지히토 고등법원장에게 안중근은, 일본 전체를 짓누르는 짐이자 두려워 도망치고 싶은 무서운 사형수였다.

당시 뤼순 관동도독부 고등법원 외부 전경.
©안중근의사기념관

공판 당시 재판관들.
©안중근의사기념관

공판 중인 모습. 오른쪽부터 안중근, 우덕순, 조도선, 유동하.
©안중근의사기념관

東洋平和論 目錄

東洋平和論

前鑑

安重根著

안 의사의 동양 평화론은 서문과 전감의 일부만 쓰여진 채 중단되었다.
안 의사는 본론인 1.전감, 2.현상, 3.복선, 4.문답의 제목만 적어 놓고
사형을 당하셨다.
ⓒ안중근의사기념관

기념관으로 이용 중인 뤼순 고등법원의 현재 모습.

안 의사가 재판받았던 고등법원정을 그 자리에 그대로 재현해 놓은 모습.

# 신앙과 신념을 지키다
### -빌헬름 신부의 안중근

"신부님, 안 도마(토마스)가 총으로 사람을 쏘아 죽였다고 합니다."

빌헬름(한국명 홍석구) 신부는 한 신자로부터 소문처럼 퍼진 이야기를 듣고 깜짝 놀랐다.

"안 도마가 사람을 죽이다니요? 그럴 리가. 얼마나 신앙심이 깊은 청년인데. 살인을 했다니, 말도 안 됩니다."

빌헬름은 안중근의 가족들을 찾아 나섰다.

'내가 도마를 만나 직접 이야기를 들어야겠다. 어떻게 된 일인지.'

빌헬름은 자신을 아버지처럼 따르던 신자 안중근 도마가 살인을 했다는 것이 도무지 믿어지지가 않았다.

프랑스 사람인 빌헬름 신부는 1889년에 조선이라는 동양의 작은 나라에 왔다.

빌헬름 신부는 안중근의 아버지 안태훈을 먼저 알게 되었다. 1894년, 안태훈이 곤란한 형편에 빠져 명동성당으로 피신했을 때 프랑스 신부들의 도움을 받았다.

몇 개월 동안 프랑스 신부들과 함께 지내면서 안태훈은 천주교 공부를 하고 신자가 되기로 결심했다.

"빌헬름 신부님, 제가 청계동을 비롯해 저희 동네에 하느님의 말씀을 전하고 싶습니다. 신부님께서 도와주십시오."

안태훈이 빌헬름 신부에게 부탁을 해서 가족들과 많은 사람들이 천주교 세례를 받았다.

그때 열아홉 살이던 안중근도 세례를 받고 빌헬름 신부를 따라다니며 천주교 신앙을 알리는 데 힘썼다. 빌헬름 신부는 청계동에 성당을 세우고 소년 도마 안중근과 함께 황해도 시골을 다니며 천주교를 알렸다.

'성당 복사(미사 시간에 신부를 도와 시중을 드는 사람)로 일하면서 교리도 열심히 배우고 전교(종교를 알리는 일) 활동도 적극적으로 했던 도마였는데…….'

빌헬름 신부는 열성적으로 신앙생활을 했던 안중근을 떠올리며 고개를 절레절레 흔들었다.

황해도에 신자가 수만 명으로 늘었을 때 안중근은 빌헬름에게 프랑스어를 배우기도 했다.

"신부님, 우리 한국인들에게 신앙을 널리 전파하려면 공부를 더 많이 하는 것이 좋을 것 같습니다. 신부님들 중에 학문이 높은 분들이 대학교를 세워 한국인들에게 다양한 학문을 가르치면 어떨까요? 그렇게 되면 신앙 교육도 받게 되고 우리나라 발전을 위해서도 좋은 일이라고 생각됩니다."

빌헬름 신부는 안중근의 의견에 적극 찬성했다.

"좋은 생각이구나, 도마. 우리 같이 뮈텔(한국명 민덕효) 주교님께 가서 청해 보자."

빌헬름 신부와 안중근은 경성으로 가 뮈텔 주교를 만나서 부탁했다.

"안 됩니다. 공부를 많이 하고 학문이 높다고 해서 신앙이 깊어지는 것은 아닙니다. 그리고 지금 대학교를 세워 한국인들을 가르칠 형편이 안 됩니다."

뮈텔 주교는 거절했지만 안중근은 쉽게 포기하지 않았다. 그 후로도 두세 번을 더 뮈텔 주교에게 찾아가 간곡히 부탁했다.

"주교님, 지금 일본에 비해 서양 문물을 받아들이는 게 늦어져 한국인들이 여러모로 뒤처지고 있습니다. 주교님이 도와주십시오. 한국인들이 세상의 학문들을 익혀야 한국이 발전할 수 있습니다."

안중근의 거듭된 부탁에도 뮈텔 주교는 눈 하나 깜짝하지 않고 거절했다. 이에 화가 난 안중근은 빌헬름 신부에게 프랑스어를 배우는 것도 그만 두었다.

빌헬름은 안중근이 화가 나 있다는 것을 알았다.

"신부님, 정말 너무합니다. 역시 주교님도 외국인이라서 우리나라 사정을 몰라주는군요."

빌헬름은 할 말이 없었다. 한국과 일본의 관계보다 천주교의 전파가 먼저라고 믿는 뮈텔 주교를 설득할 자신도 없었고 안중근 역시 그것을 받아들이지 않을 것이 분명했다.

빌헬름은 나중에 안중근의 친구를 통해 얘기를 들었다.

"자네, 왜 불어를 계속 배우지 않는겐가?"

친구가 묻는 말에 안중근은 씩씩거리며 대답했다고 했다.

"일본 말을 배우면 일본의 종놈이고, 영어를 배우면 영국의 종놈이 될 것 같아. 만일 우리 한국이 세계를 지배하는 강한 나라가 된다면 세계 모든 사람들이 한국말을 배워 쓸 테니 걱정할 것 없네."

안중근의 성격을 아는 빌헬름은 그 얘기를 듣고 그저 쓴웃음을 지으며 고개를 끄덕였다.

빌헬름은 그때의 안중근을 떠올리며 반드시 무슨 사정이 있을 거라 생각했다.

조선의 독립운동을 위해 집을 떠난 지 3년이나 되었다고 들었다. 분명히 전쟁과 같은 상황이었을 것이다. 나라를 위한 일이라면 언제든 뛰어들 준비가 되어 있는 안중근이라는 걸 빌헬름도 알고 있었다.

안중근의 동생인 정근과 공근 형제를 만난 빌헬름은 이토 히로부미의 저격 소식을 들었다.

"아무리 애국심이라고는 하지만 천주교 신자가 살인이라니, 용서받을 수 없네."

빌헬름은 근심스러운 표정으로 말했다.

"하지만 신부님, 형님은 개인적인 감정으로 이토를 죽인 것이 아닙니다. 이토는 우리 조국의 원수입니다."

"어쨌든 살인은 살인이야. 그것을 잘했다고 칭찬할 수는 없네. 그런데 도마는 지금 어디에 갇혀 있는가?"

빌헬름은 야단을 치더라도 안중근을 직접 만나서 야단을 치고 싶었다. 실은 그를 보고 싶은 마음이 더 컸다.

"지금 뤼순 감옥에 갇혀 있습니다. 저희가 12월에 형님을 만나러 갈 것입니다."

빌헬름은 안중근의 형제들이 안중근을 만나러 갈 때 같이 가고 싶었다. 하지만 뮈텔 주교가 허락하지 않았다.

"도마는 살인을 했습니다. 천주교 신자가 살인을 했다는 것도 큰 죄인데……. 빌헬름 신부가 꼭 감옥까지 가지 않아도 됩니다."

뮈텔 주교는 펄쩍 뛰며 반대를 했다.

"무슨 죄를 지었든 도마는 저에게 세례를 받은 하느님의 아들입니다. 죄를 용서받을 수 있도록 기도를 해 주어야 합니다. 직접 만나고

올 수 있도록 허락해 주십시오."

"안 됩니다. 절대로 허락할 수 없습니다. 죄인을 감싸는 모습을 보여서는 안 됩니다."

빌헬름은 할 수 없이 뒤돌아섰다.

'도마, 어쩌면 좋으냐. 너는 왜 살인이라는 그렇게 큰 죄를 지었느냐. 너를 위해 기도하며 기다리고 있겠다.'

빌헬름은 천주교의 순명(윗사람의 명령에 따라야 하는 것)의 도리 때문에 꼼짝 못하게 되었지만 마음은 이미 뤼순으로 달려가고 있었다.

2월 중순이 넘어선 어느 날, 뤼순에서 너무나 슬픈 소식이 날아왔다. 안중근에게서 전보가 온 것이다.

저 안중근 도마가 뤼순 관동도독부 법원으로부터 사형 선고를 받았습니다. 마지막 죽기 전에 종부성사(병자성사의 옛말로 죽음을 앞둔 신자가 마지막으로 받는 성사)를 받고 싶습니다. 홍 신부님, 제발 이곳으로 와 주십시오.

재판장인 마나베 판사도 뮈텔 주교와 빌헬름 신부에게 편지를 보내왔다.

신부님, 안중근이 신부님을 찾습니다. 법원에서도 허락하니 빨리 와 주시길 부탁드립니다.

빌헬름은 그 소식을 듣고 눈물을 참았다. 죽는 순간까지 분명 하느님을 찾을 도마였다. 빌헬름은 마지막으로 뮈텔 주교를 찾아 나섰다. 분명히 이번에도 허락하지 않을 것이 뻔했다.

뮈텔 주교는 안중근을 비난했지만 천주교 신자들은 안중근을 자랑스러워했다. 신문과 잡지에는 안중근의 이토 저격을 두고 잘했다, 잘못했다 하는 엇갈리는 글들이 실렸다.

일본에서 이토 추모 행사를 크게 벌였고 친일파들이 앞다투어 사죄하는 글을 올리고 안중근을 비난하는 행사를 했다. 대한제국의 황제인 고종과 순종조차 일본의 눈치를 보느라 이토의 죽음을 애도하는 글을 발표했다.

1905년 일본은 이토를 내세워 일본이 한국을 보호한다는 조약을 강제로 체결하고 통감부를 설치했다. 이미 황제는 허수아비가 되었고 주요 대신들은 모두 친일파들로 채워졌다.

일제가 한일합방의 악랄한 계획을 드러낼수록 한국은 혼란과 혼돈 속에 빠졌다.

'이런 사실을 알면 도마가 얼마나 슬퍼할까? 도마는 나라를 위해 자신이 그토록 굳게 믿는 신앙의 교리에 어긋나는 죄를 지었건만. 남의 나라 감옥에서 얼마나 외롭고 힘들까? 도마는 너무나 외로운 싸움을

하고 있구나. 나라도 국민도 종교도 힘이 되어 주지 않는 싸움을 혼자서 하고 있었구나.'

빌헬름은 도저히 가만히 있을 수가 없었다.

"주교님, 저는 꼭 뤼순에 가야겠습니다. 뤼순 감옥에서도 안중근 도미와 만나는 것을 허락한다는 연락이 왔습니다. 그런데 노대체 왜 주교님은 안 된다는 겁니까? 주교님도 일본의 눈치를 보고 계신 겁니까?"

"우리 천주교가 지금 한국에서 뿌리내리려면 정치 문제에 휘말려서는 안 됩니다. 일본이 한국의 주권을 가지고 있다시피 하는데 어떻게 이토 같은 일본의 거물을 죽인 안중근을 천주교가 감싸 안을 수가 있겠습니까."

빌헬름은 뮈텔이 앞으로도 계속 허락하지 않을 것을 알기에 자신 스스로 판단해야 했다.

"이번에는 나도 가겠어. 꼭 도마에게 종부성사를 주고 마음 편히 하느님의 품에 가게 해 주어야지."

빌헬름은 안중근에게 줄 예수상과 성화(성서의 내용이 담긴 그림)를 챙겼다.

"하지만 신부님, 뮈텔 주교님이 허락하지 않으셨는데요."

안중근의 형제들뿐 아니라 주변 사람들도 빌헬름을 걱정했다.

"그래. 주교님의 명령을 거역하는 거지. 하지만 이것은 하느님의 뜻

이네. 하느님의 자식인 도마를 감싸 안고 지키는 것이 신부의 도리가 아닌가."

빌헬름은 뮈텔 주교에게 짧은 편지를 남겼다.

주교님, 저는 안중근 도마를 만나러 뤼순으로 갑니다. 주교님의 허락을 받지 않고 가서 죄송합니다만 도마를 꼭 만나 종부성사를 줘야겠습니다. 그는 제가 알고 있는 가장 신앙심이 깊은 청년입니다. 안중근은 하느님의 아들이고 제 신자입니다.

뤼순으로 떠나 버린 빌헬름 신부의 짧은 편지를 받은 뮈텔 주교는 화가 나서 흰 수염이 난 얼굴을 몇 번이나 감싸 쥐고 쓰다듬었다.

"절대 용서할 수 없어. 감히 순명의 덕을 거스르는 행동을 하다니. 대가를 치르게 될 거야."

이 모든 것을 각오한 빌헬름은 안중근을 위해서라면 그럴 가치가 있다고 생각했다.

3월 8일 뤼순 감옥에서 안정근 · 공근 형제와 함께 안중근을 만났을 때 빌헬름은 오기를 정말 잘했다고 생각했다. 자신을 만난 안중근은 마치 하느님이라도 본 것처럼 기뻐했던 것이다.

처음에 빌헬름은 신부로서 냉정하게 죄를 묻고 야단칠 생각이었다. 그런데 간수와 함께 들어오는 안중근이 눈물을 글썽이더니 빌헬름 앞에 무릎을 꿇고 엎드려 큰절을 했다.

"신부님, 신부님. 정말 와 주셨군요. 못 오실 줄 알았는데. 정말 꿈만 같습니다."

빌헬름은 마음먹었던 것을 모두 잊어버리고 안중근의 손을 덥석 잡아 일으켰다.

"오, 가엾은 도마. 이런 곳에서 너를 만나다니."

빌헬름은 안중근에게 꼬치꼬치 물었다.

"몸은 어떤가? 고문 같은 건 받지 않았느냐?"

"아닙니다, 신부님. 저에게 아주 잘 대해 줍니다. 항상 쌀밥을 주고 가끔씩 우유와 고기 반찬도 줍니다. 형무소장과 간수들도 저를 따뜻하고 친절하게 대해 줍니다. 처음에는 저도 깜짝 놀랐습니다."

안중근은 걱정하는 빌헬름을 안심시켰다.

"형님도 참. 일본 놈들에게 형님이 어디 보통 사람입니까? 함부로 대했다가 다른 나라 소식통에 알려지기라도 하면 망신당할 게 뻔하니까 그렇지요."

동생들은 사형을 앞둔 형이 불쌍하기만 했다.

"그래도 이 정도면 잘해 주는 편이야. 내가 사람 복이 있나 보다. 진심으로 나를 대하는 사람들도 있단다. 신부님, 저는 감옥에서도 날마다 기도를 합니다. 늘 성호경(가운뎃손가락으로 이마와 가슴 양 옆으로 십자를 그으며 '성부와 성자와 성령의 이름으로 아멘' 하는 내용의 천주교

기도 형식)을 긋고 기도문을 외우지요. 감옥에서지만 신앙생활도 항상 열심히 하고 있답니다."

빌헬름은 안중근이 잘 지내는 것을 보니 그나마 안심이 되었다.

"신부님, 제가 이토를 죽이지 않았다면 이토는 더 많은 사람들을 죽였을 것입니다. 전쟁을 일으켜 사람들을 죽이고 항일운동을 하는 한국 사람들을 많이 고문하고 죽였을 겁니다. 저는 이토를 죽임으로써 더 많은 죽음과 전쟁을 막았을 뿐입니다. 절대 천주교 교리에 어긋나는 살인을 한 것이 아닙니다."

"네 신념으로 지은 죄인 줄은 알겠다. 그래도 어쨌든 살인죄를 지었으니 고해성사를 봐야하지 않겠느냐. 죄인은 죄인인 거야."

빌헬름은 신부인 자신의 입장에서 살인이 죄가 아니라고 말할 수는 없었다.

다음 날 안중근은 구리하라 형무소장에게 부탁하여 깨끗이 목욕을 하였다. 그리고 교회실에서 빌헬름 신부와 동생들, 형무소장, 간수장들을 만났다. 감옥의 간수들도 하나, 둘씩 자리를 채워 갔다.

빌헬름은 안중근의 이마에 십자가를 긋고 고해성사를 주었다.

"도마야, 너는 이제 하느님의 품에서 영원히 살 것이다."

빌헬름은 편안하게 웃는 안중근의 얼굴만 보아도 벌써 천국의 모습이 그려지는 것 같았다.

다음 날 오전 빌헬름은 뤼순 감옥에서 미사를 집전하려고 했다. 하지만 문제가 있었다. 미사 중에 성체(예수의 몸을 상징하는 하얗고 동그란 밀떡)를 모시는 예식이 있는데 감옥 규정에 외부에서 들여온 음식은 절대 먹을 수 없다는 것이었다. 특히 사형수들은 일부러 독약이 든 음식을 먹고 자살하는 경우가 있어서 더욱 안 된다는 것이다.

"나는 절대로 스스로 목숨을 끊지 않을 것이다. 죄가 없는데 왜 죽음을 두려워하고 사형을 피하려 하겠는가. 그것이 두려웠으면 어찌 이토를 죽일 수 있었겠느냐."

안중근이 말했지만 그렇게 친절하던 간수들도 그것만은 안 된다고 버텼다. 결국 안중근의 동생들은 미사에 들어오지 못하게 하는 것으로 합의를 보았다. 그리고 안중근이 받을 성체는 간수들이 직접 고르게 했다.

빌헬름 신부는 한국에서 가져온 미사 도구들을 준비하고 안중근에게 복사 옷을 입혔다. 그 옛날 소년 안중근이 옆에서 미사를 도왔던 것처럼, 죽음을 앞둔 사형수 안중근은 자신을 위한 미사를 위해 빌헬름 신부를 도왔다.

안중근은 지난 5년 동안 미사를 보지 못했지만 미사에 나오는 응송(노래하듯 기도문을 말하는 것) 구절을 하나도 잊지 않았다. 한마디 한마디 또렷하게 기도하듯 응송 구절을 외웠다.

'주님, 이 가엾은 어린 양을 받아 주소서. 모든 죄를 당신의 힘으로 씻어 주소서. 마지막 순간까지 당신을 찬미하고 사랑하는 도마를 천

국에 불러 올리소서.'

빌헬름은 온 마음을 바쳐 미사를 올렸다. 비록 감옥 안이고 미사에 참석한 사람들은 안중근과 간수들 몇 명뿐이었지만 그가 바친 미사 중에 가장 가슴 벅찬 순간이었다.

빌헬름은 자신이 바친 가장 아름다운 미사라고 생각했다.

오후에 빌헬름은 안공근 · 정근 형제와 함께 면회실에서 안중근을 다시 만났다. 빌헬름 신부는 안중근과 마주 앉았고 안중근의 뒤에는 간수장과 간수들이 앉았다.

"마지막으로 하고 싶은 말이 있으면 하거라."

빌헬름이 안중근에게 물었다. 한국말은 모두 통역에 의해 간수들에게 보고되었다.

"홍 신부님께서 이렇게 와 주셨으니 더 이상 바랄 것이 없습니다. 다만 두 아우에게 작별 인사 대신 전할 유언이 있습니다."

안중근은 의자를 당겨 책상 가까이에 붙어 앉았다. 그리고 마음 먹은 말을 당당하고 분명하게 들려주었다.

"내가 죽은 뒤에 나의 뼈를 하얼빈 공원에 묻어 두었다가 우리 국권이 회복되거든 고국으로 반장(객지에서 죽은 사람을 고향에 옮겨 묻는 것)해 다오. 나는 천국에 가서도 또한 마땅히 우리나라의 회복을 위해 힘쓸 것이다. 너희들은 돌아가서 동포들에게 각각 모두 나라의 책임을 지고 국민된 의무를 다하여 마음을 같이하고 힘을 합하여 공로를 세우고 업을 이르도록 일러다오. 대한독립의 소리가 천국에 들려오면 나는 마땅히 춤추며 만세를 부를 것이다."

안중근의 유언을 들은 공근·정근 형제는 입술을 꽉 깨물었다. 통역을 통해 들은 일본 간수들도 감동을 받은 듯 고개를 끄덕이거나 고개를 들어 천장만 바라보는 사람도 있었다.

빌헬름은 안중근 도마를 말없이 바라보았다. 분명하고 또렷한 목소리로 말하는 안 도마는 두려운 것이 하나도 없어 보였다. 그는 자신이 한 일에 조금도 후회가 없어 보였다. 아니 오히려 기뻐하고 자랑스러워했다.

'안 도마에게 조국이란 신앙과 같은 것일까? 이토록 신앙심이 강한 청년이 종교의 교리에 크게 어긋나는 행동을 하고도 이렇게 떳떳하다면 과연 종교가 그에게 죄를 물을 수 있을까?'

빌헬름은 그가 살인을 했다는 것이 더 이상 아무 의미가 없다는 것을 깨달았다.

'안 도마는 진정 평화를 사랑하고 사람 목숨을 귀하게 여기는 사람이야. 그것을 실천한 진정한 신앙인이지. 그렇기 때문에 신앙을 지키기 위해 이토를 죽인 것이고. 그에게 신앙과 애국은 하나였던 거야.'

빌헬름은 안중근을 살인자로 생각하고 뤼순에 오는 것을 잠시나마 망설였던 자신이 부끄러웠다. 더욱이 종교적인 교리로 그를 판단해 죄인 취급한 뮈텔 주교에게도 화가 풀리지 않았다.

다음 날 오후 2시쯤 빌헬름 신부는 마지막으로 안중근을 면회했다.

"나는 오늘 한국으로 떠나려고 하네. 이제 우리가 마지막 작별 인사를 해야겠구나."

빌헬름은 안중근의 손을 잡았다.

"이렇게 먼 곳까지 와 주셔서 정말 감사합니다. 이제 저 안 도마는 하느님의 품에 편안히 안길 수 있을 것 같습니다."

안중근은 두 손을 잡고 공손히 인사를 했다. 빌헬름은 안중근에게 성서 내용을 들려주며 서로 이야기를 나누었다.

"안 도마, 인자하신 천주님은 절대 너를 버리지 않으실 것이다. 걱정하지 말거라. 반드시 너를 거두어 당신의 나라로 데려가실 것이다. 너를 기쁘게 받아들이실 것이다."

빌헬름은 자기가 할 수 있는 가장 좋은 말을 안중근에게 해 주었다. 그리고 손을 들어 안중근에게 성호경을 그으며 하느님을 대신해 축복을 해 주었다. 안중근은 기뻐하며 고개를 숙였다.

머리와 수염이 희끗희끗한 빌헬름은 자신보다 훨씬 나이 어린 안중근이 신앙과 신념을 위해 싸우다 죽어 가는 모습이 기특했다. 마음은 아팠지만 그는 너무나 담담하게 그 현실을 받아들였다.

뤼순 감옥의 붉은색 담장 위에 철조망이 보였다. 찬바람에 몸을 잔뜩 부풀린 새들이 날개를 펴고 철조망 위를 날아다녔다.

'안 도마, 너도 곧 자유의 몸이 되어 여기서 나가게 되겠지. 네가 어

떤 죄를 지었어도 하느님을 사랑하는 마음이 절대 변하지 않았음을 알게 되었으니 내 마음도 가볍구나.'

한국으로 돌아온 빌헬름은 그에게 벌을 주려고 벼르고 있는 뮈텔 주교로부터 한바탕 혼이 났다. 그리고 두 달간 미사를 할 수 없다는 징계를 받았다. 미사를 할 수 없다는 것은 신부의 권리이자 의무를 빼앗기는 것이었다.

"도대체 뮈텔 주교가 무슨 권리로 나한테 이렇게 과한 벌을 내리는 거지? 안 도마를 도운 것이 왜 나쁘다는 거야. 참을 수 없어."

빌헬름은 가뜩이나 뮈텔 주교에게 화가 나 있었다. 뮈텔의 말을 듣고 한국에 가만히 남아 있었다면 안중근을 슬픔에 잠긴 채 죽게 내버려 둘 뻔했다는 생각이 들었다.

'나에게도 안 도마와 같은 신앙과 신념이 있다.'

빌헬름은 자신에게 내려진 징계를 받아들이지 않기로 했다. 그는 교황청에 편지를 썼다.

주님께서 부르신 한 인간의 영혼을 위로한 것이 어떻게 정치 문제일 수가 있겠습니까.

나는 안 도마가 그 나라에 대해 역적죄를 저질렀다 하더라도 그를 찾았을 것입니다. 하물며 그의 행위는 그의 나라와 민족을 위한 것이 아닙니까.

**나는 안 도마의 영세 신부로서 종부성사를 들 의무가 있습니다.**

빌헬름 신부의 편지를 본 교황청에서 뮈텔이 내린 벌을 거두라는 답변이 왔다.

그 뒤로 뮈텔 주교와 빌헬름은 사이가 점점 나빠졌다. 뮈텔 주교는 빌헬름 신부에게 신부직을 박탈하겠다고 하며 안중근 일가를 잘 감시하라는 명령도 내렸다.

안중근은 그런 뮈텔에게도 감옥에서 마지막으로 은혜에 감사하다는 편지를 보냈다. 신앙을 고백하고 천주교의 발전을 축원하는 그의 편지는 그가 신앙인으로서 얼마나 굳은 믿음을 가졌는가를 보여 주었다.

하지만 뮈텔에게는 한국의 독립보다 천주교를 널리 퍼뜨리는 것이 더 중요했다. 그는 그것이 하느님의 사업이라고 믿었고, 천주교는 100년이 지난 후에 그 일들을 사죄했다.

결국 뮈텔 주교에게 시달리던 빌헬름 신부는 1914년 프랑스로 돌아가게 되었다. 빌헬름 신부는 떠나기 전 사진 한 장을 챙겼다. 바로 안중근의 동생인 공근과 정근 형제와 함께 찍은 사진이었다. 빌헬름은 사진 뒷면에 메모를 남겼다.

1910년 3월에 뤼순 감옥에서 의거를 한 후 처음으로 안 도마를 만났다.

그는 보름 후인 3월 26일 사형 집행을 당했다.


빌헬름은 메모가 적힌 사진을 소중하게 간직하며 안중근을 기억했다. 그는 고향인 프랑스의 알자스로렌 지방에 돌아가서도 한국의 독립에 대해 관심을 기울였다.

나라를 위해 죽음을 택한 안중근은 늙은 빌헬름 신부의 가슴에 또 다른 신앙이 되어 자리잡았다.


빌헬름 신부에게 안중근은, 굳은 믿음을 가진 참 신앙인이자 조국을 위한 순교자였다.

빌헬름 신부.
©안중근의사기념관

빌헬름 신부와 정근 · 공근 · 명근(안 의사의 사촌 동생).
©안중근의사기념관

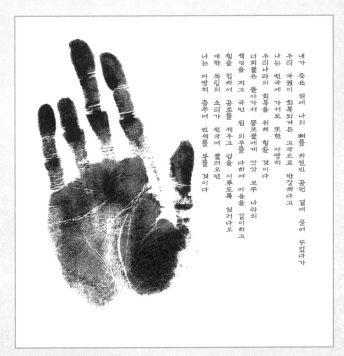

내가 죽은 뒤에 나의 뼈를 하얼빈 공원 곁에 묻어 두었다가
우리 국권이 회복되거든 고국으로 반장해다고
나는 천국에 가서도 또한 마땅히
우리나라의 회복을 위해 힘을 쓸 것이다
너희들은 돌아가서 동포들에게 각각 모두 나라의
책임을 지고 국민 된 의무를 다하여 마음을 같이하고
힘을 합하여 공로를 세우고 업을 이루도록 일러다오
대한 독립의 소리가 천국에 울려오면
나는 마땅히 춤추며 만세를 부를 것이다

**안 의사의 수인이 찍힌 마지막 유언.**
ⓒ안중근의사기념관

大韓國人安重根畢書

一千九百十年
庚戌二月初旬 旅順獄中
陰陽二月十五日

六兄弟皆文翰有餘、其中學才慧英俊八九歲
二恭鉉、三恭熟、四恭健、五恭敏、六恭純合
鎮海郡、縣監一郡二生、六男三女、第一名曰恭鎮
產豐富以慈善家、著名於道內曾前、叙住于
胷腹有七個黑子故字應七
性質近於姓名故名曰重根
府、首揚山下生、一男子、姓、安、名重根字應七
一千八百二十九年即七月十六日、大韓國、黃海道、海州

安應七 歷史

壹千九百九年十一月一日
四十二月十三日 始述

안 의사가 감옥에서 쓴 《안응칠 역사》의 일부분.
오늘날까지도 친필 원본은 발견되지 않고 등사본과 번역본만 알려져 있다.
©안중근의사기념관

동생들과 빌헬름 신부를 만난 자리에서 유언을 남기는 안 의사.
©안중근의사기념관

# 나에게 남은 마지막 과제들

"안중근 의사요? 성형외과 의사인가? 큭큭큭."

"도시락 폭탄을 던져 이토를 죽인 사람 아닌가요?"

안중근에 대한 강의를 다니다 보면 별의 별 사람들을 다 만난다. 안중근 의사가 누군지도 모르는 젊은 사람들부터 그가 한 일이 왜 위대한지, 그가 어떤 죽음의 길을 걸었는지 관심조차 없는 요즘 사람들의 모습에 나는 맥이 빠져 주저앉고 싶을 때도 있다.

"우리가 수많은 독립운동가들을 어떻게 대우했는지, 그 후손들이 어떻게 살고 있는지를 안다면 이 모든 것이 이해가 됩니다."

나는 쓴웃음을 웃는다.

우리가 짊어져야 할 짐을 팽개치고 외면한 덕분에 역사는 천천히 잊혀져 가고 영웅들은 사라지고 있다.

중국에서는 안중근 의사를 영웅으로 떠받들고 있다. 뤼순 감옥에는 일제 강점기 때 안중근뿐만 아니라 수많은 중국의 항일운동가들이 투옥되고 고문당하고 목숨을 잃었지만 안중근을 기념하는 방만을 따로 만들어 전시하고 있다.

안중근이 사형당한 사형장, 수감되었던 감방, 그 밖의 자료들을 중국어와 영어, 한국어로 상세히 설명해 놓고 있다.

나는 그 당시 안중근 의사가 재판을 받았던 관동도독부 고등법원에 가서도 깜짝 놀랐다.

"여기는 지금 기념관으로 그대로 보존하고 있습니다. 안중근 의사가 재판을 받았던 법정을 재현해 놓고 있지요."

칠만 새로 해 단장한 뤼순 고등법원은 안중근을 위한 기념관과 여러 자료들을 전시해 놓고, 조선족 안내원이 자세하고 친절한 설명도 해 준다.

안중근은 일제에 고통받았던 중국 사람들에게도 자기나라 영웅 못지않은 위대한 인물이었다.

중국인들의 반일 감정은 한국인들에 뒤지지 않게 강하다. 중국인들의 항일운동은 우리나라보다 훨씬 늦은 1931년부터 본격적으로 일어났다.

일본은 1931년 만주사변이라고 불리는 만주 침략 전쟁을 일으켰고 중국 동북 지방에 만주국을 세워 자기들 마음대로 중국 땅을 지배했으며 항거하는 중국인과 한국인들을 마구 학살했다.

1937년에는 40일 동안 30만 명의 중국인들을 학살하는 난징대학살이 일어나 중국인들에게 커다란 충격을 주었다. 일제는 중국의 항일 운동가들을 잡아다 고문하고 죽이고 여자들을 끌고 가 위안부로 삼았다. 우리나라처럼 일본의 식민지 지배를 받지는 않았지만 그에 못지 않은 수모와 학살을 당한지라 중국의 반일 감정은 지금도 수그러들 줄을 모른다.

그렇게 싫어하는 일제의 우두머리에게 총을 쏘았으니 안중근은 중국에서도 영웅 대접을 받을 자격이 충분했던 것이다.

나라도 없고 군대도 없이 혼자서 수많은 러시아 군대와 일본군들을 뚫고 총 한 자루로 이토를 죽인 것 자체가 중국 사람들에게도 놀랍고 멋진 일이었다.

그래서 그들은 안중근을 잊지 않기 위해 노력한다.

역사를 허물고 새로 지은 하얼빈 역도 다른 곳은 새로 수리를 했지만 안중근이 이토를 저격한 위치는 바닥에 그대로 표시해 보존하고 있다. 안중근이 총을 쏘기 위해 서 있던 자리, 이토가 총을 맞은 자리가 세모, 네모로 표시되어 있다.

중국 사람들은 자신들의 땅에서 이루어진 안중근의 업적을 영원히 기억하고 싶은 것이다.

그런 안중근을 존경하며 30년 인생을 바친 나는 시간이 지날수록 초조하고 조급하기만 하다. 내 건강이 나빠져 죽음의 그림자가 가까이 다가오는 것이 느껴질 땐 더욱 마음이 무겁다.

내가 마지막으로 꼭 하고 싶은 일이 있기 때문이다. 바로 안 의사의 유해를 찾는 것이다.

뤼순 감옥 뒤편의 야산으로만 추정되고 있는 안중근 의사의 묘를 찾기 위해 나는 벌써 뤼순을 여섯 번이나 다녀왔다.

그중 한 번은 묘를 찾았다는 중국인의 말에 속아 달려갔다 죽을 뻔한 위기도 넘겼다. 무모한 그 용기는 바로 죽기 전에 안 의사의 유해를 꼭 찾아야 한다는 숙명과도 같은 책임감 때문이다.

"안 의사의 유언을 우리는 지키지 못하고 있습니다. 독립하면 조국에 묻어 달라고 했는데 벌써 몇십 년째 안 의사의 유해를 모셔오지 못하고 있지 않습니까?"

나는 일본이든 중국이든 안 의사의 유해에 대한 정보가 있는 곳이면 달려간다. 더구나 뤼순 야산에 아파트가 들어서 안 의사의 유해가 영영 묻힐 수도 있다는 말을 들었을 땐 두 주먹으로 산을 다 휘저어 파고 싶은 심정이었다.

안중근은 조국을 위해 목숨을 바쳤지만 조국은 그를 위해 최선을 다하지 않고 있는 것이다.

역동의 역사 속에서 온몸을 던져 나라를 구하려 한 안중근과 독립된 나라에서 살면서도 역사의식 없이 살아가는 현대인들의 모습이 너무나 극명하게 대비되는 것이 안타깝기만 하다.

불교에 몸담고 있는 나는 가끔씩 내가 전생에 어떤 사람이었을까 생각해 본다.

"나는 아무래도 전생에 일본과 전쟁을 하다 죽은 사람이 아닐까 싶습니다. 임진왜란 때나 아니면 일제 강점기 때라도 말입니다."

나의 행적을 아는 사람들은 내 말에 고개를 끄덕인다. 나는 임진왜란 때 일본인들이 베어 간 한국인의 코와 귀를 묻은 코무덤과 귀무덤을 찾아다니며 그 무덤들을 우리나라로 들여오는 데 애를 썼다.

그렇게나마 일본군과 싸웠던 영혼을 달래는 것이 후손이 할 일이라고 믿었기 때문이다.

나는 아직도 일본과 끝나지 않는 전쟁을 하고 있다고 믿고 있다.

"내가 이대로 죽어 안중근 의사를 저승에서 만나면 면목이 없습니다. 제가 해 놓은 것이 없어서, 유해도 모시지 못해서……."

혈액 투석으로 나날이 말라가는 나의 몸은 점점 종잇장처럼 가벼워지고 있다.

누군가 나에게 물었다.

"저승에서 안중근 의사를 만나면 무슨 말을 하고 싶으신가요?"

나는 주름진 눈으로 웃으며 대답했다.

"안중근, 당신은 정말 멋진 사형수였습니다. 당신은 31년만 살았는데도 그렇게 멋진 삶을 살았는데 나는 너무나 오래 살았군요. 당신은 처자식과 어머니를 두고 죽었지만 죽어야 할 때 멋있게 죽음을 맞았습니다. 죽음이 당신을 영원히 살렸습니다. 나는 그저 당신에게 부끄럽기만 합니다."

나는 이제 마지막이 될 중국행을 서두른다.

몸이 움직이는 순간까지 안중근 의사의 유해를 찾으러 다시 한 번 뤼순의 아산을 뒤지고 또 뒤질 것이다.

"혈액 투석도 받아야 하고 아직 날씨도 많이 쌀쌀해 늙은 몸이 견뎌줄지 모르겠습니다. 하지만 뤼순에서 안중근을 찾다가 죽는다면 그것 또한 나에게는 큰 영광이 될 것입니다."

나를 걱정하는 사람들에게 나는 이렇게 얘기한다. 나는 감히 할 수만 있다면 안중근 의사처럼 의연한 죽음을 맞고 싶다. 존경하는 멋진 영웅 안중근을 위해 살다가 죽는 것, 그것이 나에게는 마지막 과제이자 가장 큰 바람이다.

"나는 안중근이라는 감옥에 갇힌 행복한 사형수입니다."

나는 고매한 스님이 아닌 그저 안중근에 미친 승려로 알려졌으면 좋겠다.


나 승려 박삼중에게 안중근은, 불교보다 더 강한 신앙이자 미래를 위해 지켜야 할 소중한 역사이다.

안 의사의 유묵, 경천.
©안중근의사기념관

유묵 '경천'은 박삼중 스님이 일본에서 어렵게 구해 20년 넘게 보관하다가 2014년에 천주교 서울대교구
(당시 교구장 염수정 추기경)의 품으로 들어갔다.
©천주교 서울대교구

효창공원 내에 있는 삼의사(이봉창, 윤봉길,백정기) 묘와
가장 왼쪽에 자리한 안 의사의 가묘. 안 의사의 유해를
찾으면 이곳에 안장할 예정이다.

박삼중 스님이 안 의사의 유해가 묻힌 곳이라 추정되는 뤼순 감옥 뒤편 야산에서
추모제를 지내는 모습.

2014년 하얼빈 역 바로 옆에 세워진 안중근의사기념관과 기념관 안에 있는 안 의사상.
기념관의 시계는 이토 저격 시각인 9시 30분에 멈춰 있다.
현재는 하얼빈 역 신축 공사로 이전되어 더욱 규모가 커졌다.

하얼빈 역 플랫폼 1번, 안 의사가 이토 히로부미를 저격한 장소.
세모 표시된 곳은 안 의사가 이토 히로부미를 저격한 위치,
네모 표시된 곳은 이토 히로부미가 저격당한 위치.

| 참고 자료 |

《대한국인 안중근》 안중근의사기념관 관장 김호일 엮음. 눈빛. 2011
《안중근 의사 자서전》 안중근 지음. 범우사, 2000
《순국 100년 안중근 − 국채보상운동. 동양평화로 피어나다》 특별전 도록, 2010
《대한의 영웅 안중근》 ㈔안중근의사숭모회/기념관, 2008

# 부록

# |안중근 의사의 발자취| |

## 〈출생~30세〉

1879년 9월 2일    황해도 해주부 광석동에서 부친 안태훈과 모친 조마리아의
                 장남으로 출생.

1884년(6세)    안씨 일가, 해주에서 황해도 신천군 두라면 청계동으로 이주.
              조부 안인수가 설립한 서당에서 한학 교육을 받음.

1886년(8세)    남동생 정근 출생.

1889년(11세)   남동생 공근 출생.

1891년(13세)   여동생 성녀 출생.

1892년(14세)   조부 안인수 별세.

1894년(16세)   황해도 거주 향반 김홍섭의 딸 아려(17세)와 결혼.
              부친 안태훈이 조직한 신천의려군 선봉장으로 출전.

1897년(19세)   안태훈 일가가 빌헬름 신부로부터 세례를 받음.
              안중근의 세례명은 '도마(Thomas).'

1899년(21세)   뮈텔 주교에게 대학 설립을 건의했으나 거절당하고 프랑스어 공부 중단.

1902년(24세)   장녀 현생 출생.

1905년(27세)   부친과 상의하여 독립기지 건설 위해 중국 산둥 반도, 상하이 방문.
              부친 안태훈 사망으로 귀국.
              장남 분도 출생.(12세에 사망)

1907년(29세)   서북학회 가입, 국채보상운동에 참가.
              2남 준생 출생.
              망명 결심 후 김동억과 함께 두만강을 건너 간도에 도착.
              종성, 경흥을 거쳐 포시에트에서 블라디보스토크로 이동,
              계동청년회에 가입.
              수청에서 엄인섭, 김기룡과 결의 형제 맺음.

1908년(30세)   동의회(최재형, 이범윤, 이위종, 엄인섭) 평의원으로 참가.
              의병부대(김두성, 이범윤) 중 최재형 부대 우영장으로 참가.
              이강이 설립한 블라디보스토크 공립협회 회원으로 활동.

## 〈1909년 31세〉

| | |
|---|---|
| 3월 2일 | 김기룡 등 11인과 단지동맹 결성. |
| 10월 18일 | 이토 히로부미, 일본을 출발해 랴오둥 반도 다롄 항에 도착. |
| 10월 19일 | 안중근, 엔치야를 떠나 블라디보스토크에 도착. |
| | 이치권의 집에 머물며 이토의 만주 방면 시찰 소식 접함. |
| 10월 20일 | 우덕순과 이토 처단 계획에 합의. |
| 10월 21일 | 블라디보스토크를 떠나 포브라니치나야에서 한의사 유경집의 집에 들름. |
| | 유경집의 아들 유동하를 러시아어 통역으로 대동하여 |
| | 하얼빈으로 출발. |
| 10월 22일 | 오전 9시 15분경 안중근 일행 하얼빈 역에 도착. |
| | 유동하의 사돈 김성백의 집에 머묾. |
| | 이때 이토 히로부미는 뤼순을 거쳐 선양에 도착. |
| 10월 23일 | 오전에 이발을 하고 우덕순, 유동하와 함께 중국인 사진관에서 사진 촬영. |
| | 김성옥의 집에 유숙하던 조도선을 만나, |
| | 정대호가 안중근 가족을 데리고 하얼빈에 오는 데 통역이 필요하다고 요청. |
| 10월 24일 | 안중근 일행, 하얼빈 역은 거사를 실패할 확률이 높다고 판단. |
| | 안중근, 우덕순, 조도선 셋만 우편열차를 타고 남행하여 |
| | 지야이지스고 역 도착. |
| | 연락책으로 하얼빈에 남은 유동하에게 지야이지스고 도착을 알림. |
| 10월 25일 | 안중근, 이토가 탄 열차가 지야이지스고 역에 정차하지 않을 경우를 |
| | 대비해 지야이지스고를 떠남. |
| 10월 26일 | 안중근, 아침 7시경 하얼빈 역 도착. |
| | 이토 일행, 9시 15분에 열차에서 하차. |
| | 안중근, 9시 30분 러시아 의장대 사열 후 일본 환영단으로 |
| | 향하던 이토에게 3발 쏨. |
| | 안중근, 3명에게 더 총을 쏜 뒤 러시아 군인에 잡혀 |
| | "코레아 우라"를 세 번 외침. |
| | 10시, 이토 절명. |
| | 안중근, 하얼빈 역 구내에서 러시아 관헌에게 조사받음. |
| | 러시아 당국, 11시 35분에 안중근을 일제에 인도하기로 결정. |
| | 11시 55분, 지야이지스고 역에 있던 우덕순, 조도선 체포당함. |
| 10월 27일 | 일본 외상 고무라 주타로, 안중근 재판을 관동도독부로 넘김. |
| 10월 30일 | 미조부치 검사, 안중근 1차 신문. |

| | |
|---|---|
| 11월 1일 | 안중근, 우덕순 등 10명 뤼순으로 호송. |
| 11월 3일 | 안중근 등 10명 뤼순 감옥에 수감. |
| | 일본 외무성 정무국장 구라치 뤼순에 도착. |
| 11월 4일 | 도쿄에서 이토 장례식 거행. |
| 11월 6일 | 안중근, 〈안중근 소회〉 제출. |
| 11월 8일 | 일본 외상 고무라, 안중근에게 일본 형법 적용 지시. |
| 11월 14일 | 미조부치 검사, 안중근 2차 신문. |
| 11월 15일 | 미조부치 검사, 안중근 3치 신문. |
| 11월 16일 | 미조부치 검사, 안중근 4차 신문. |
| 11월 17일 | 미조부치 검사, 안중근과 유동하 대질 신문. |
| 11월 18일 | 미조부치 검사, 안중근 5차 신문. 우덕순, 유동하 대질 신문. |
| 11월 19일 | 미조부치 검사, 안정근과 안공근 신문. |
| 11월 22일 | 조선총독부 사카이 경시를 뤼순 감옥으로 파견하여 신문 개시. |
| 11월 24일 | 미조부치 검사, 안중근 6차 신문. 안중근과 정대호 대질 신문. |
| 11월 26일 | 미조부치 검사, 안중근 7차 신문. 사카이 경시, 안중근 1차 신문. |
| 11월 27일 | 사카이 경시, 안중근 2차 신문. |
| 11월 29일 | 사카이 경시, 안중근 3차 신문. |
| 12월 1일 | 사카이 경시, 안중근 4차 신문. |
| 12월 2일 | 사카이 경시, 안중근 5차 신문. |
| 12월 3일 | 사카이 경시, 안중근 6차 신문. |
| 12월 4일 | 사카이 경시, 안중근 7차 신문. |
| 12월 5일 | 사카이 경시, 안중근 8차 신문. |
| 12월 6일 | 사카이 경시, 안중근 9차 신문. |
| 12월 9일 | 사카이 경시, 안중근 10차 신문. 안중근과 유동하 대질 신문. |
| 12월 10일 | 사카이 경시, 안중근 11차 신문. |
| 12월 11일 | 사카이 경시, 안중근 12차 신문. |
| 12월 13일 | 안중근, 《안응칠 역사》 기술 시작. |
| 12월 16일 | 사카이 경시, 안정근과 안공근 신문. |
| 12월 20일 | 미조부치 검사, 안중근 8차 신문. |
| 12월 21일 | 미조부치 검사, 안중근 9차 신문. 사카이 경시, 안중근 13차 신문. |
| 12월 22일 | 미조부치 검사, 안중근 10차 신문. |

## 〈1910년 32세〉

| | |
|---|---|
| 1월 26일 | 미조부치 검사, 안중근 11차 신문. |
| 2월 1일 | 안병찬과 안정근, 안공근 형제 안중근 면회. |
| 2월 6일 | 사카이 경시, 안중근 14차 신문. |
| 2월 7일 | 제1회 공판. |
| 2월 8일 | 제2회 공판. |
| 2월 9일 | 제3회 공판. |
| 2월 10일 | 제4회 공판. 미조부치 검사, 안중근에게 사형 선고. |
| | 우덕순 징역 3년, 조도선 징역 1년 6월, 유동하 징역 1년 6월 선고. |
| 2월 12일 | 제5회 공판. |
| 2월 14일 | 제6회 공판. 마나베 재판장, 안중근 사형 언도. |
| 2월 15일 | 안중근, 안병찬을 통해 동포에게 유언을 알림. |
| 2월 17일 | 안중근, 히라이시 고등법원장과 면담, 동양 평화론 설파. |
| | 《동양 평화론》 집필 시작. |
| 3월 8일 | 빌헬름 신부, 안정근과 안공근과 함께 안중근 1차 면회. |
| 3월 9일 | 빌헬름 신부, 안중근 2차 면회. |
| 3월 10일 | 빌헬름 신부, 안중근 3차 면회. 종부성사 청함. |
| 3월 11일 | 빌헬름 신부, 안중근 4차 면회. |
| 3월 15일 | 안중근, 《안응칠 역사》 탈고. |
| 3월 26일 | 안중근, 오전 10시 15분, 동양 평화를 유언으로 남기고 뤼순 감옥에서 |
| | 순국. 뤼순 감옥 뒤편 야산에 묻힘. |

*'안중근 의사의 발자취', '동의단지회의 취지문', '이토 히로부미의 죄상 15개조'는
'안중근의사기념관'의 자료를 바탕으로 정리되었습니다.

## |동의단지회의 취지문 |

오늘날 우리 한국 인종(人種)이 국가가 위급하고 생민(生民)이 멸망할 지경에 당하여 어찌하였으면 좋은지 방법을 모르고 혹 왈 좋은 때가 되면 일이 없다 하고, 혹 왈 외국이 도와주면 된다 하나 이 말은 다 쓸데없는 말이니, 이러한 사람은 다만 놀기를 좋아하고 남에게 의뢰하기만 즐겨하는 까닭이라. 우리 2천만 동포가 일심단체(一心團體)하여 생사를 불고한 연후에야 국권을 회복하고 생명을 보전할지라. 그러나 우리 동포는 다만 말로만 애국이니 일심단체이니 하고 실지로 뜨거운 마음과 간절한 단체가 없으므로 특별히 한 회를 조직하니, 그 이름은 동의단지회(同義斷指會)라. 우리 일반 회우(會友)가 손가락 하나씩 끊음은 비록 조그마한 일이나 첫째는 국가를 위하여 몸을 바치는 빙거(憑據)요, 둘째는 일심단체하는 표(標)라. 오늘날 우리가 더운 피로써 청천백일지하(靑天白日之下)에 맹세하오니 자금위시(自今爲始)하여 아무쪼록 이전 허물을 고치고 일심단체하여 마음을 변치 말고 목적에 도달한 후에 태평동락을 만만세로 누리옵시다.

〈만고의사 안중근전〉, 1914년 8월 23일자 「권업신문」 제125호

# |이토 히로부미의 죄상 15개조 |

1. 명성황후를 시해한 죄
2. 한국 황제를 폐위시킨 죄
3. 5조약과 7조약을 강제로 체결한 죄
4. 무고한 한국인들을 학살한 죄
5. 정권을 강제로 빼앗은 죄
6. 철도, 광산, 산림, 천택을 강제로 빼앗은 죄
7. 제일은행권 지폐를 강제로 사용한 죄
8. 군대를 해산시킨 죄
9. 교육을 방해한 죄
10. 한국인들의 외국 유학을 금지시킨 죄
11. 교과서를 압수하여 불태워 버린 죄
12. 한국인이 일본인의 보호를 받고자 한다고 세계에 거짓말을 퍼뜨린 죄
13. 현재 한국과 일본 사이에 경쟁이 쉬지 않고 살육이 끊이지 않는데,
    한국이 태평무사한 것처럼 위로 천황을 속인 죄
14. 동양 평화를 깨뜨린 죄
15. 일본 천황의 아버지 태황제를 죽인 죄

《안응칠 역사》 중에서

## 을미사변(1895년 10월 8일)

일본 공사 미우라 고로가 주동이 되어 일본 자객들이 고종의 비였던 명성황후를 시해한 사건이다.

일본의 지배 야욕에서 벗어나고자 했던 대한제국은 러시아의 힘을 빌리고자 했고 그 가운데에 있는 인물이 명성황후였다. 조선을 지배하기 위해 러시아와 힘 겨루기를 하던 일본은 자기들의 앞을 가로막는 명성황후를 제거하기로 했다.

1895년 10월 8일 새벽 5시경 일본 자객들은 '여우사냥'이라는 암호명을 가진 작전으로 궁궐(경복궁)에 쳐들어왔다. 명성황후의 침실인 건천궁의 옥호루까지 들어가서 명성황후를 살해하고 근처 숲에서 시신을 불태우고 묻어버렸다.

일제는 미우라 공사가 개인적으로 벌인 일이라고 우기며 몇몇에게 책임을 묻는 시늉을 했지만 결국 일본 정부와 고위 관리들이 깊숙이 관여했음이 드러났다.

을미사변으로 많은 조선인 군인들과 궁녀들, 대신들이 죽었고 목숨의 위협을 느낀 고종황제는 1896년 러시아 공관으로 피신을 하는데 이것을 '아관파천'이라 부른다.

을미사변을 알게 된 백성들은 의병을 일으켰고 항일운동의 본격적인 시작이 되었다.

## 을사조약(1905년 11월 17일)

을사년에 일어난 치욕스러운 조약이라고 해서 '을사늑약'이라고 부른다.

11월 9일 이토 히로부미는 일본 천황이 특별히 파견한 대사로 한국에 와서 한일협상조약을 내밀었다. 대한제국의 외교권을 박탈하고 일본에서 한국의 황실과 외교권 관리를 위해 통감을 둔다는 것이었다.

고종황제가 조약문에 서명을 거부하자, 이토는 일본군과 헌병을 거느리고 한밤중에 궁궐로 들이닥쳐 고종과 대신들에게 서명할 것을 강요했다.

고종이 끝까지 서약을 거부하자 이토는 대신들을 한 명씩 불러 위협하며 서명을 강요했다. 이때 을사조약에 적극 찬성하며 서명한 이완용(학부대신), 이지용(내부대신), 박제순(외부대신), 권중현(농상부대신), 이근택(군부대신) 다섯 명의 대신들을 '을사오적'이라 부른다.

을사조약으로 대한제국은 외교권을 완전히 잃었고 영국과 미국, 벨기에, 독일 등 많은 나라들의 외교관들이 자기 나라로 돌아갔다.

조약이 체결된 후 4일 뒤에 고종은 을사조약이 무효임을 선언하고 이 사실은 세계 각국에 알려진다.

뜻있는 관리와 양반들은 죽음으로써 분통함을 호소했고 최익현, 신돌석, 유인석 등이 의병을 일으켰다.

일본은 1906년 2월 1일 통감부를 설치하고 이토 히로부미가 초대 통감이 되었다.

통감부는 자신들 마음대로 내각을 개편해서 이완용을 중심으로 한 대신들로 내각을 이루고 고종을 나랏일에 참여하지 못하도록 궁궐에 감금시켰다.

## 헤이그 밀사 사건 (1907년)

고종은 네덜란드의 헤이그에서 열리는 만국평화회의에 이준, 이상설, 이위종을 밀사(나라를 대표하는 임무를 주어 비밀스럽게 보내는 사람)로 보내 을사조약이 부당하게 체결되었으며 일제가 대한제국을 침략하려 한다는 사실을 폭로하고 도움을 요청하려 했다.

하지만 이미 서구 열강들은 일본과 여러 가지 조약을 체결해 일본의 한반도 지배를 묵인해 준 상태였다.

일본의 방해로 회의에 참석조차 할 수 없게 된 세 명의 밀사들은 해외의 신문과 모임을 통해 일제 침략을 규탄하는 내용을 호소했다.

고종이 밀사를 보낸 것을 알게 된 이토 히로부미는 일본 장교들을 데리고 가 고종을 협박한 후 강제로 폐위시키고 순종을 형식상의 황제 자리에 앉혔다. 이후 일제는 순종에게서 국새를 빼앗고 군대마저 해산시켜 버렸다.


## 항일 투쟁 운동

명성황후가 시해된 을미사변과 머리를 강제로 자르게 한 단발령 때문에 조선 말기에 최초의 대규모 항일 의병 운동이 일어난다. 각 지방의 유생들을 중심으로 일어난 을미의병은 조직적인 훈련은 받지 못했지만 일본군 주둔지와 군사 시설을 파괴하며 친일 정부를 긴장시켰다. 결국 힘이 약해져 해산되었지만 그중 유인석과 민용호가 이끄는 의병들은 만주 지방으로 이동해서 항일 투쟁을 계속하였다.


1905년에는 을사조약이 맺어진 것을 「황성신문」을 통해 알게 된 전국의 유생과 평민들이 일제히 의병을 일으켰다. 참판을 지낸 민종식이 이끄는 의병과 74세의 나이로 의병을 일으킨 최익현, 실질적인 전투 활동으로 눈부신

활약을 한 평민 의병장 신돌석이 이끄는 의병들이 대표적이다.

1907년 일제가 군대를 강제로 해산시키자 총과 같은 무기를 가진 군대가 의병에 들어가 의병들은 더 조직적이고 강해졌다. 이 무렵 호남 지역의 의병들은 일본이 가장 무서워하는 항일 활동의 중심에 있었고, 홍범도는 평안도와 함경도 일대, 만주에서 대한독립군을 조직해서 일본과의 전투에서 큰 승리를 거두기도 했다.

대규모 의병 활동과 함께 일제 침략의 원흉들을 개인적으로 처단하는 열사들의 의거도 잇달았다.

1908년 전명운과 장인환은 일제의 앞잡이 노릇을 하며 일제의 한반도 침략을 좋은 것으로 선전하고 조선인들을 비하한 외교 고문 스티븐슨을 미국에서 처단했고, 1909년 10월 안중근은 이토 히로부미를 하얼빈 역에서 총으로 쏘아 죽였다.

1909년 12월 이재명은 이완용을 칼로 찔러 중상을 입혔지만 안타깝게도 일제의 보호로 이완용은 살아나고 이재명은 사형을 당했다.


## 경술국치(1910년 8월 29일)

한국병합조약으로 경술년에 일어난 국가의 치욕이라는 뜻이다. '한국병합에 관한 조약'이라는 이름의 조약이 체결되어 대한제국이 일본의 식민지가 되었다.

1910년 3대 통감인 데라우치가 이완용과 함께 손을 잡고 비밀리에 한국강제병합 공작을 세워 8월 29일에 공포했다.

조약 내용문을 순종에게 제대로 보여 주지도 않고 옥새를 빼앗아 강제로 찍었으며 이완용과 데라우치가 서명해서 조약문이 완성되었다.

**청일전쟁(1894~1895)**

조선의 지배를 둘러싸고 청나라와 일본이 벌인 전쟁이다.

조선이 동학농민운동을 진압하기 위해 청나라에 도와 달라고 원군을 요청했는데 그것을 두고 볼 수 없었던 일본이 조선에 침입해서 청일전쟁이 일어나게 되었다.

청일전쟁에서 승리한 일본은 중국 중심의 아시아 질서를 무너뜨리고 새로운 강자로 떠올랐다. 전쟁에서 이긴 일본은 시모노세키 조약을 맺어 청나라가 조선에 간섭하지 못하도록 막았으며 배상금 2억 냥과 랴오둥 반도와 타이완 섬을 넘겨받기로 했다.


**삼국간섭**

청일전쟁의 승리로 일본이 랴오둥 반도를 가져가자 이에 불안을 느낀 러시아, 독일, 프랑스가 나서서 일본이 철수할 것을 요구했다.

일본은 세 나라와 싸울 힘이 없었기 때문에 할 수 없이 배상금을 더 받는 조건으로 랴오둥 반도를 내어 주었다.

삼국간섭의 결과로 러시아는 만주 동철 철도 부설권과 뤼순과 다롄의 조차권을 얻었다. 조선을 지배하려는 일본의 세력이 주춤해진 사이 러시아가 조선에 영향력을 발휘했다.

## 러일전쟁 (1904~1905)

삼국간섭 때문에 랴오둥 반도를 얻을 기회를 빼앗긴 일본은 만주와 한반도의 지배를 놓고 러시아와 맞섰다. 일본은 먼저 러시아를 기습하기로 하고 1904년 2월 5일 러시아의 지배를 받던 뤼순 항을 공격했다.

러시아와 일본은 팽팽하게 싸웠고 전쟁은 예상보다 오래갔다. 러시아와 일본 모두 전쟁에서 큰 피해를 보았고 지쳐 있었다. 하지만 일본은 미국과 영국의 적극적인 지원을 받았다. 게다가 러시아는 국내의 불안한 정치 상황으로 전쟁에 집중할 수 없었다.

일본이 전쟁에서 우세해지자 일본의 편에 섰던 미국은 러시아와 일본의 중재에 나섰다. 미국은 포츠머스에서 일본과 러시아가 15개 조항의 조약을 맺게 했고 이것으로 러일전쟁은 끝이 났다.

이 조약을 포츠머스 조약이라고 부르는데 조약 내용 중에는 한국에 있어서의 일본의 우월권을 인정하고 랴오둥 반도의 조차권과 뤼순과 창춘 간의 철도를 일본에 넘길 것 등이 포함되어 있다.

일본은 러일전쟁의 승리로 한국을 점령하는 것에 대해 강국들의 인정을 받을 수 있게 된 셈이었다. 반면 러시아는 러일전쟁의 패배로 국가 내부의 반발이 더 크게 일어나 결국 혁명을 일으키는 원인이 되기도 했다.

견리사의 견위수명 이익을 보거든 정의를 생각하고, 위태로움을 보거든 목숨을 바쳐라.
(보물 제569-6호) ⓒ한국저작권협회 공유마당

국가안위 노심초사 국가의 안위를 걱정하고 애태운다.
(보물 제569-22호) ⓒ한국저작권협회 공유마당

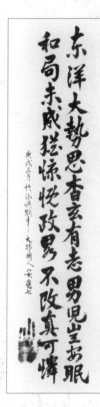

東洋大勢思杳玄 有志男兒豈安眠
和局未成猶慷慨 政畧不改眞可憐

庚戌三月 旅順獄中 大韓國人 安應七

동양대세사묘현 유지남아기안면
화국미성유강개 정략불개진가련

天與不受反受其殃耳

庚戌三月 旅順獄中 大韓國人 安重根 書

천여불수 반수기앙이

동양대세사묘현 유지남아기안면 화국미성유강개 정략불개진가련 동양대세 생각
함에 아득하고 어둡거니 뜻 있는 사나이 편한 잠을 어이 자리. 평화시국 못 이룸이 이리도 슬
픈지고 침략전쟁을 고치지 않으니 참 가엾도다.
(보물 제569-5호) ⓒ한국저작권협회 공유마당

천여불수 반수기앙이 만일 하늘이 주는 것을 받지 않으면 도리어 벌을 받게 된다.
(보물 제569-24호) ⓒ한국저작권협회 공유마당

白日莫虛渡靑春不再來

康戌二月 於旅順獄中 大韓國人 安重根 書

백일막허도 청춘부재래

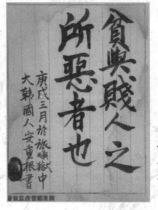

貧與賤人之所惡者也

康戌三月 於旅順獄中 大韓國人 安重根 書

빈여쳔 인지소오자야

백일막허도 쳥춘부재래 세월을 헛되이 보내지 마라, 청춘은 다시 오지 않는다.
ⓒ한국저작권협회 공유마당

빈여쳔 인지소오자야 가난하고 천한 것은 사람들이 싫어한다.
유일하게 수인 대신 지장이 찍힌 유묵
ⓒ한국저작권협회 공유마당

빈이무첨 부이무교

세한연후 지송백지부조

빈이무첨 부이무교 가난하되 아첨하지 않고, 부유하되 교만하지 않다.
ⓒ한국저작권협회 공유마당

세한연후 지송백지부조 눈보라가 친 후에야 소나무와 잣나무가 시들지 않음을 안다.
(보물 제569-10호) ⓒ한국저작권협회 공유마당

연년세세화상사 세세년년인부동

인무원려 필유근우

연년세세화상사 세세년년인부동 해마다 계절 따라 피는 꽃은 같건만 해마다 만나는 사람들은 같지 않네.
(보물 제569-3호) ⓒ한국저작권협회 공유마당

인무원려 필유근우 사람이 멀리 생각하지 않으면 가까운 곳에 근심이 생긴다.
ⓒ한국저작권협회 공유마당

일일부독서 구중생형극

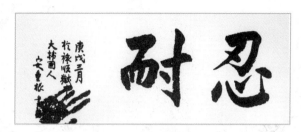

인내

독립

일 일 부 독 서 구 중 생 형 극 하루라도 글을 읽지 않으면 입안에 가시가 돋친다.
(보물 제569-2호) ⓒ한국저작권협회 공유마당

인내
(보물 제569-18호) ⓒ한국저작권협회 공유마당

독립
ⓒ한국저작권협회 공유마당

임적선진 위장의무

장부수사심여철 의사임위기사운

임적선진 위장의무 적을 맞아 앞장서는 것이 장수의 의무이다.
(보물 제569-26호) ⓒ한국저작권협회 공유마당

장부수사심여철 의사임위기사운 장부가 비록 죽을지라도 마음은 쇠와 같고 의사는 위태로움에 이를지라도 그 기풍이 구름 같다.
(보물 제569-12호) ⓒ한국저작권협회 공유마당

지사인인 살신성인

천당지복 영원지락

지사인인 살신성인 높은 뜻을 지닌 선비와 어진 사람은 옳은 일을 위해 목숨을 버린다.
ⓒ한국저작권협회 공유마당

천당지복 영원지락 천당의 복은 영원한 즐거움이다.
ⓒ한국저작권협회 공유마당

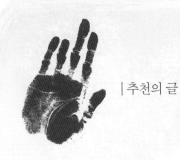

안중근 의사는 한국 침략의 원흉 이토 히로부미를 저격, 한국은 물론 중국인들에게까지 살신성인의 표상으로 추앙받는 독립운동가입니다. 이토 히로부미는 을사늑약 후 초대 통감으로 부임하면서 한국에 이어 만주에까지 침략의 손길을 뻗어 많은 인명 살상과 민족혼 말살의 악행을 저지른 인물입니다. 안 의사는 바로 그 역사의 죄인을 하얼빈 역에서 저격한 항일 의거의 상징적인 인물입니다.

안 의사는 일제 강점기에 나라의 독립과 사회정의 실현을 간절히 바라고, 동양의 평화를 사랑한 분이었습니다. 시대의 칼날 위에 발을 딛고서도 거리낌 없이 "나는 대한민국의 국민이다."라고 외친 불멸의 애국의사입니다. 그럼에도 역사 서적이나 전기를 통해 알려진 단편적 기록 외에는 당시 저격 현장에서 있었던 사실에 대해 추적하는 노력이 모자람은 안타까운 일입니다. 더욱이 안 의사의 충효에 대한 심도 있는 서술이 없는 실정임에 새삼 놀랍니다. 광복 70년에 즈음해 "조국이 광복된 후 나의 유해를 조국의 산하에 안장해 달라."는 피맺힌 화두를 외면할 수 없었던 박삼중 스님이 홀로 버거운 그 짐을 지셨습니다.

스님은 평생을 사형수 교화 사업에 진력해 온 분으로 사회복지의 실천가이며 한·일불교복지협회 회장이기도 합니다. 1992년에는 임진·정유란 때 왜군이 우리 선조들의 귀와 코를 처참히 잘라간 이·비총을 찾아내어 우리 땅에 안장함으로써 민족정기를 환기했음은 난중의 승려 저 서산·사명대사의 구국의 행적에 버금할 역사의 위업으로 기록될 것입니다.

스님을 사회복지의 사표로서 늘 존경해 오던 차에 혼자 발로 뛰며 하얼빈 거사 안팎의 일화를 채록한 스님의 노고가 놀라울 따름입니다. 비록 육신은 아직 거두지 못해 고국에 안장해 달라는 유언을 풀어 드리지는 못했지만 안 의사의 정신적 혼령만은 국민의 품에 안겨 드리려 한 것입니다. 고수산나 동화작가, 그림을 맡아 준 이남구 선생과 뜻을 함께해 동화책으로 출간하기에 이르렀습니다.

이 책이 국민 누구나 쉽게 당시 상황을 이해할 수 있게 할 뿐 아니라 청소년기 학생들에게는 애국심을 일깨우는 지침서가 되고, 안 의사를 새롭게 조명한 만큼 국민적 필독서가 되리라 믿습니다.

출간을 축하드리면서 어쭙잖은 글로나마 박삼중 스님과 공저해 주신 분들께 사회복지 현장의 한 사람으로 감사의 뜻을 올립니다.

사단법인 한국사회복지법인협회
회장 이동한